1인 미디어 시대의 **글로벌 스타들**

1인 미디어 시대의
글로벌 스타들

동영상 콘텐츠
비즈니스의 뉴 패러다임

김천수 유재혁 지음

Multi Channel Network

클라우드나인
CLOUD 9

누구나 MCN 스타가 될 수 있다

● 2016년은 미디어 역사에 '1인 미디어가 대 약진한 해'로 기록됐다. 미국과 중국에서 연간 100억 원 이상 수입을 거둔 1인 미디어 스타들이 쏟아졌다. 한국에서도 연간 10억 원 안팎의 수입을 챙긴 1인 미디어 스타들이 탄생했다. 1인 미디어 스타란 미국 유튜브나 중국 웨이보 등 모바일 동영상 플랫폼을 통해 유명해진 일반인 창작자, 즉 1인 크리에이터들을 일컫는다. 1인 미디어는 소비자인 동시에 창작자이다.

이들은 일상에서 사람들이 스마트폰을 통해 각종 콘텐츠를 시청하게 되면서 탄생했다. 일반인들은 자신의 콘텐츠를 소비자들에게 스마트폰을 통해 직접 전달할 수 있게 됐다. 누구나 영상을 촬영하고 유통할 수 있는 모바일 환경이 조성된 것이다. 모바일 플랫폼이란 뉴미디어는 이제 TV나 신문 등 전통 미디어를 위협하고 엔터테인먼트 산업의 변화를 요구하고 있다.

2017년은 뉴미디어와 전통 미디어 간 경계가 무너지는 해로 기록될 가능성이 높다. 이미 유튜브나 아프리카TV 등에서 활동하는 유명 1인 크리에이터나 방송진행자BJ들이 TV로 영역을 확대하기 시작했다. CJ E&M과 LG유플러스가 유튜브의 1인 인기 콘텐츠를 TV에서 볼 수 있도록 전용채널을 열었다.

1인 미디어의 위력은 갈수록 강력해질 수밖에 없다. 10대들이 주시청자인 까닭이다. 그동안 10대는 주요 미디어에서 소외됐다. TV에선 20~40대를 위한 드라마, 30~50대를 위한 시사 프로그램, 예능 프로그램도 「런닝맨」 같은 일부를 제외하고는 10대들이 볼 만한 것이 없었다. 그런 갈증을 모바일 동영상들이 풀어줬다. 구글은 2020년이면 주류미디어보다 1인 미디어의 비중이 70% 이상 차지할 것으로 내다봤다.

앞으로 미디어와 콘텐츠는 양분될 것이다. 대중들이 함께 즐기는 대자본의 블록버스터와 개인들이 취향에 따라 선택하는 1인 미디어 콘텐츠가 그것이다. 1인 미디어의 콘텐츠 소비는 다품종 소량생산처럼 다변화할 가능성이 높다. 수요가 워낙 다양하기 때문이다. 덕분에 1인 미디어 스타가 될 수 있는 길은 누구에게나 열려 있다. 나도 스타가 되려면 어떻게 해야 할까?

이 책은 미국, 중국, 한국의 1인 미디어 스타들의 사업모델과 성공 노하우를 파헤친다. 한국 유튜브 스타들의 경우 대부분 직간접 인터뷰를 했다. 중국과 미국 등 외국 스타들은 인터넷을 뒤져 특징을 분석했다. 글로벌 스타가 되는 길은 의외로 간단했다. 자신이 좋아하는 일을 영상에 담아 꾸준히 올리다 보니 팬들이 늘어난 것이다. 1인 미디어 시대의 글로벌 스타를 꿈꾸는 독자들이라면 이 책에서 영감을 얻을 수 있을 것으로 확신한다.

2017년 2월
김천수 유재혁

Contents

3장 국내 MCN 스타 · 79

Multi
Channel
Network

1장

MCN의
시대가 왔다

MCN ^{다중 채널 네트워크}

Multi Channel Network

● 1인 크리에이터(창작자)는 스마트폰 시대의 꽃이다. 1인 크리에이터들이 만든 콘텐츠들은 소비자들이 일상에서 잠깐 틈을 내 스마트폰으로 감상하기에 안성맞춤이다. 주제가 다채롭고 길이도 짧다. 1인 크리에이터가 급증하는 배경에는 스마트폰이 널리 확산되고 LTE 등 통신 속도가 비약적으로 빨라진 환경이 있다. 미래창조과학부에 따르면 2016년 6월 기준 동영상 트래픽은 2,622.6테라바이트**TB**로 1년 전 같은 기간과 비교해 3배가량 늘었다. 소비가 폭증한다는 얘기다.

'1인 미디어' '브로드캐스팅자키**BJ**' 등으로 불리는 1인 크리에이터는 개인적인 취미로 출발해 하나의 직업이 됐고 산업으로 급성장하고 있다. 그 중심에는 유튜브의 역할이 컸다. 유튜브는 전 세계 시청자들의 관심을 모을 수 있는 네트워크다. 1인 크리에이터가 국내 시장만을 타깃으로 삼는다면 수익 기반을 확보하지 못했을 것이다. 글로벌 시장의 시청자들이 1인 미디어 콘텐츠를 소비함으로써 산업 생태계를 구축할 수 있게 됐다.

글로벌 시장에서 경쟁력 있는 콘텐츠를 내놓기 위해 1인 크리에이터와 협력 체제를 구축한 기업들도 늘고 있다. 이른바 MCN^{다중채널네트워크} 사업자들이다. 이들은 창작자의 방송 제작을 지원하고 광고를 수주해 수익을 배분한다. 연예인이 소속사를 두고 활동하는 개념과 비슷하다.

가장 앞선 곳이 CJ E&M이다. CJ E&M은 2013년 7월 국내 최초로 MCN 사업을 시작했다. 첫해 게임, 뷰티, 키즈 분야에서 200여 크리에이터들과 제휴한 뒤 2016년 9월 기준 800여 명으로 확대했다. 2년 내 2,000여 명으로 늘리겠다는 구상이다. 해외 사업자인 프랑스 1위 동영상 공유사이트 '데일리모션', 미국의 '비키', 일본의 '움' 등과 제휴를 맺고 서비스를 제공하고 있다. 2017년 1월 다이아TV 채널을 열고 1인 미디어 방송을 시작했다.

트레져헌터가 그 뒤를 좇고 있다. 이 회사는 CJ E&M 출신 송재룡 대표와 유명 1인 크리에이터 양지영(닉네임 양띵) 등이 2015년 1월 설립했다. 이후 진동민(닉네임 악어), 김소진(닉네임 김이브) 등 게임, 뷰티, 라이프스타일 중심의 1인 크리에이터가 합류했다. 2016년 9월 기준 트레져헌터의 채널은 약 150개이며 자회사 레페리까지 포함하면 200개를 웃돈다.

트레져헌터는 중국 시장을 중시한다. 중국 뉴미디어 기업 바나나프로젝트와 파트너십 계약을 맺고 중국 시장을 타깃으로 한 디지털 콘텐츠를 공동 제작하고 있다. 소속 크리에이터들의 중국 내 활동을 위한 현지 에이전시 계약도 체결했다. 바나나프로젝트는 중국 완다그룹

왕젠린 회장의 아들이자 후계자인 왕쓰총 대표가 설립한 뉴미디어 기업이다

아프리카TV는 파트너 창작자들에게 유튜브 진출과 대외 활동을 지원하고 있다. 콘텐츠가 마음에 들 때 시청자가 선물하는 '별풍선'제도를 운영해 화제다. 판도라TV도 1인 크리에이터 전용 페이지를 개설하고 시청자가 보다 쉽게 콘텐츠에 접근할 수 있도록 돕고 있다. 인기 1인 크리에이터 시상식과 시청자와의 만남, 테마별 채널, 온라인 쇼핑몰과의 사업 등을 추진하고 있다. 이밖에 샌드박스네트워크 등 100여 개 MCN 사업자들이 쏟아지고 있다.

지상파 방송들도 다양한 콘텐츠를 확보하기 위해 MCN 사업에 뛰어들었다. MBC는 카카오와 협력해 '마이리틀텔레비전'을 열었다. KBS는 '예티 스튜디오'를 출범시켰다. 국내 MCN 사업자들은 자신의 목소리를 낼 수 있는 MCN 협회를 설립했다. CJ E&M, 트레져헌터, 유튜브, 네이버, 카카오 등 다양한 사업자들이 참여해 MCN 산업 생태계를 키우는 데 힘을 모으기로 했다.

해외에서도 대기업들이 MCN 사업에 뛰어들고 있다. 드림웍스애니메이션은 2013년 5월 MCN 기업 '어썸니스TV'를 1억 5,000만 달러(약 1,664억 원)에 인수했다. 2014년 3월에는 디즈니가 '메이커스튜디오'를 9억 5,000만 달러(약 1조 540억 원)에 인수했다. 미국 2위 이통사 AT&T 역시 MCN 기업 '풀스크린'을 3억 달러(약 3,327억 원)에 샀다.

1인 크리에이터의 다양한 수익 창출

크리에이터들의 수익 구조는 크게 두 가지다. 첫째 조회 수에 따른 유튜브 광고 수익이다. 2017년 기준 대부분의 크리에이터들은 유튜브 광고에서 평균 조회수당 1원을 받는다.

유튜브는 전체 광고 수익 중 자사가 45%, 크리에이터가 55% 비율로 나눈다. MCN 사업자는 그 55%에서 다시 크리에이터와 일정 비율로 수입을 가져온다. 일반적으로 MCN 사업자와 크리에이터의 수익 배분비율은 3 대 7 정도다. MCN 사업자가 이 수입만으로 생존하기는 쉽지 않다. 또다른 수익을 모색해야 한다.

크리에이터의 또다른 수익은 간접광고PPL나 브랜디드 광고(스토리로 브랜드를 알리는 광고)에서 온다. 가령 화장품 회사들은 자사 제품을 소개하기 위해 뷰티 크리에이터들을 후원한다. 이 수입은 창작자에 따라 크게 달라진다. 요컨대 유튜브의 광고 수익이 창작자들에게 절대적으로 중요하다. 유튜브는 기존 미디어보다 상대적으로 적은 예산으로 광고주들이 광고할 수 있는 기회를 제공한다. 이 때문에 광고주의 범위를 넓히면서 다양한 기법을 통해 광고주들이 좀 더 효과적으로 광고할 수 있게 해준다.

유튜브의 광고 유형은 크게 네 가지다. 첫째, 인비디오In-Video 광고다. 동영상이 시작된 후 하단에 등장하며 소비자가 원하면 광고를 닫을 수 있다. 둘째, 배너 광고다. 동영상 옆이나 추천 동영상 목록 위에 표시되는 광고다. 셋째, 인스트림In-Stream 광고다. 동영상이 재생되기 전이나 도중 혹은 재생이 끝난 후에 삽입되는 30초 이하의 광고를 말한다. 넷째, 트루뷰TrueView 광고가 있다. 트루뷰 광고는 이용자가 5초 간 광고를 본 후 광고를 건너뛰거나 나머지 광고를 볼 수 있는 선택권을 준다. 광고주는 시청자가 실제 광고를 시청한 시간에 대해서만 광고료를 지불한다.

이 트루뷰 광고는 시청자들이 단순 광고가 아닌 또다른 콘텐츠로 소비하게 만들었다. 유튜브에서 가장 널리 애용되면서 MCN 사업자가 나타날 수 있게 하는 토대를 마련했다.

동영상 플랫폼의 광고비 책정 기준은 크게 세 가지다. 첫째, 광고 설치 건당 과금하는 CPICost Per Installation 방식이다. 둘째, 1,000회 광고 노출의 비용을 책정하는 CPMCost Per Mille이다. 셋째, 클릭 또는 조회 수에 의해 과금하는 CPCVCost-Per-Completed-View 등이다.

일반적으로 광고 단가를 정할 때 CPM을 널리 사용한다. 하지만 온라인 동영상 시장의 광고 단가는 국가와 시장에 따라 차이가 크다. CPM, 즉 1,000뷰당 수익은 노출되는 국가에 따라 많게는 6.47달러에서 작게는 1.19달러까지 여섯 배 가까이 차이가 난다. 이 때문에 광고 단가가 낮은 국가의 경우 조회 수가 더 많아도 광고 단가가 높은 국가에 비해 수익이 적을 수 있다.

실제 계약에서는 CPCV 방식으로 최종 광고비를 결정하는 경우가 많다. 즉 광고가 노출될 때 건너뛰기하지 않고 끝까지 시청할 경우, 이를 '컴플리트complete'라 부른다. 컴플리트 비율에 따라 과금하고 수익을 배분하는 방식이다. 가령 CPM이 2만 원이고 컴플리트 비율이 50%면 1만 원을 수익으로 친다.

영향력이 커진 MCN은 유튜브와 별개로 광고주를 상대로 직접 영업하기 시작했다. 광고주들의 제품이나 브랜드를 콘텐츠에 노출시키는 간접광고PPL가 그것이다.

온라인 플랫폼에서는 콘텐츠에 대한 광고 규제가 적다. 형식, 표현, 소재, 언어 사용도 자유롭다. 간접광고 수익은 MCN과 크리에이터의 몫이다. MCN은 또한 크리에이터들이 전통 미디어 스타들처럼 방송 프로그램이나 광고에 출연해 수익을 창출하도록 지원하고 있다. 이런 노력 덕분에 MCN의 산업적 가치가 커졌다. MCN에 대한 투자도 활발해지면서 제작과 투자 간에 선순환 가능성도 높아졌다.

MCN 사업자들의 수익 다각화

MCN 사업자들은 광고 수익 외 여러 유형의 수익 모델을 개발했다. 우선 기부형 디지털 아이템이 있다. 아프리카TV의 별풍선이 대표적이다. 아프리카TV에서 별풍선은 BJ방송진행자들의 주요 수입원 중 하나다. 시청자들은 방송을 보다가 마음에 들면 BJ에게 별풍선을 선물할 수 있다. 중국에 진출한 BJ 양한나는 왕쓰총과 다른 시청자 등으로부터 하룻밤에 7,000만 원어치 별풍선을 받아 화제에 올랐다.

별풍선 하나의 가격은 100원. 이 중에 BJ가 가져가는 금액은 수수료를 떼고 60~80원이다. 이것만으로 월 수백 만 원에서 수천 만 원까지 버는 BJ들이 있다. 한 여성 BJ는 자신의 열혈 팬으로부터 한꺼번에 38만 개의 별풍선을 선물받았다. 이를 현금으로 환산하면 3,800만 원이다.

여기서 파생되는 문제도 만만찮다. 풍선을 많이 받기 위해 노출이나 음란 행위를 하거나 자해를 하기도 한다. 방송이 자극적이고 선정적인 내용으로 흐르기 십상이다. 하지만 미국 트위치TV, 중국의 YYTV 등도 기부형 아이템을 수익 모델로 삼고 있다.

MCN 사업자가 타깃 플랫폼에 적합한 콘텐츠를 만들어 VOD주문형비디오 형태로 공급하는 비즈니스 모델도 나왔다. MCN 사업자가 유튜브 외 기존 방송 플랫폼이나 IPTV 사업자에도 콘텐츠를 공급하는 게 대표적인 사례들이다.

MCN 사업자가 콘텐츠와 커머스commerce를 엮어서 새 비즈니스 모델을 창출하기도 한다. 커머스는 재화 및 서비스의 교환 또는 매개에 의해 생산자와 소비자를 연결하는 행위를 말한다. 특히 소셜커머스는 소셜미디어와 온라인 미디어를 활용하는 전자상거래를 지칭한다. MCN이 초기 단계부터 상품 기업과 협업을 통해 제품을 기획하고 출시하는 것을 말한다. 뷰티 유튜버의 대명사로 불리는 미셸 판의 화장품 관련 콘텐츠가 대표적이다. 화장품 대기업 랑콤은 그녀의 화장품 브랜드를 만들고 그녀의 동영상 콘텐츠를 보면서 브랜드와 제품을 직접 구입할 수 있도록 지원하고 있다.

국내에서도 1인 창작자들이 자신을 브랜드화해 새로운 제품을 출시하고 있다. 가령 1인 창작자 대도서관은 CJ제일제당과 '햇반컵밥'을 출시했다. 트레져헌터는 양띵, 악어, 김이브, 잉여맨 등 소속 인기 크리에이터들의 취향과 개성을 담은 '럭키 박스' 등의 상품을 파는 쇼핑몰을 만들었다.

국내 MCN 업체 우먼스톡은 모바일 뷰티 홈쇼핑이라 할 수 있다.

뷰티 크리에이터가 동영상을 통해 제품을 추천한 뒤 판매수익의 일부를 가져가도록 했다. MCN과 커머스의 결합은 빠르게 확산되고 있다. 크리에이터와 소비자 간의 신뢰는 커머스로 이어진다. 파워 크리에이터들은 콘텐츠에 담은 상업적인 메시지를 소비자들에게 어떻게 거부감 없이 전달할 것인지 고민하고 있다.

성공한 크리에이터들의 조건

크리에이터들의 성공 조건은 크게 세 가지로 요약할 수 있다.

첫째, 성실함이다. 6개월 이상 매주 정해진 시간에 꾸준히 콘텐츠를 올려야 한다. 최소 6개월 이상 동일 주제 콘텐츠를 지속적으로 업로드할 때 광범위한 팬층이 형성된다. 누적된 콘텐츠가 많을수록 조회수가 자연스럽게 증가하는 게 디지털 콘텐츠의 특징이다. 구독자들이 클릭했을 때 늘 새로운 콘텐츠를 보여줘야 한다.

유튜브에서 채널을 운영한다는 것은 성실성과 인내력을 필요로 한다. 콘텐츠를 보기 위해 그 시간만 기다리는 구독자들을 위해 시간을 정해놓고 꾸준히 지키는 것은 팬들과의 약속이다. 100만 명이 넘는 구독자 수를 보유한 키즈 크리에이터 '허팝'은 구독자 상당수가 초등학생인 점을 감안해 하교시간인 5시쯤 영상을 올려 두꺼운 고정 팬층을 확보하고 있다. 크리에이터들은 매주 평균 2~3편씩 올린다. 토이몬스터의 경우 하루에 2편씩을 공개하기도 했다. 게임 크리에이터들은 뷰티 크리에이터와 비교해 상대적으로 콘텐츠를 자주 올린다.

콘텐츠 제작이 좀더 쉽기 때문이다.

크리에이터는 또한 댓글에 성실하게 답변해야 한다. 톱스타들과 달리 크리에이터는 소통하기 쉬운 게 강점이다. 구독자 수가 늘면 답변에만 하루 2~4시간씩 걸린다. 1인 방송에서도 스타가 되면 너무 바빠진다. 댓글 달기가 어려워지면 인기도 시들해질 수밖에 없다.

둘째, 구독자와 소통할 줄 아는 교감능력이다. 디지털 세대의 관심을 끌려면 이들의 관심 분야 주제를 짧은 시간 안에 자신만의 매력으로 표현할 수 있는 능력이 필요하다. 한 마디로 인기 크리에이터들은 시청자들이 원하는 콘텐츠를 만든다. 자신만이 좋아하는 콘텐츠를 제작하지 않는다. 팬들의 댓글 속 의견을 영상에 적절하게 반영해야 한다. 현실적으로 구현하기 어렵다면 그 이유를 알려줘야 한다. 시청자가 자신의 의견을 존중한다는 사실을 인지하는 순간 고정팬으로 남게된다. 때로는 구독자들과 직접 만나 얘기를 들어볼 필요도 있다. 댓글로 표현하기 어려운 문제들도 많기 때문이다.

국내외 인기 크리에이터들의 콘텐츠를 꾸준히 분석해 장점을 반영할 필요도 있다. 자신만의 방식을 고집하면 금세 진부해진다. 끊임없이 진화할 수 있는 방법을 모색해야 한다.

셋째, 새롭고 차별화된 콘텐츠를 개발할 수 있는 기획력이다.

콘텐츠 소비 패턴이 짧고 빨라지고 있다. 새로운 콘텐츠 영역도 늘어날 수밖에 없다. 이때 대중이 좋아하고 즐길 수 있는 콘텐츠를 기획할 수 있는 능력이 중요하다. 아무리 내용이 좋더라도 대중이 열광하지 않으면 인기 콘텐츠와 크리에이터가 될 수 없다. 신선하고 차별화된 콘텐츠가 핵심이다. 대중이 익숙한 분야의 콘텐츠를 새롭게 가공해 보여줘야 한다. 콘텐츠가 너무 새로운 분야이면 대중들의 관심을 받기 어렵다. 그렇다고 익숙한 콘텐츠를 그대로 보여주면 진부하게 느낀다.

유튜브나 아프리카TV 등에서는 지상파 매체들이 다루지 않았던 B 급 콘텐츠들로 호응을 얻고 있다. 그것도 차별화 전략의 하나다. 차별화된 콘텐츠를 개발할 때 다른 분야의 크리에이터와 협업을 하거나 전문 프로듀서와 협업하는 것이 바람직하다. 창작은 다른 분야 지식과 융합할 때 활발해진다.

2장

글로벌 MCN 스타

미국

듀드 퍼펙트

● 농구공, 미식축구공, 탁구공 등 다양한 공을 활용해 각종 묘기를 보여주는 스포츠 아티스트가 나타났다. 2016년 12월 현재 영상 누적 조회 수 20억 뷰, 그리고 미국 프로 농구NBA, 프로 미식축구NFL, 프로 야구MLB의 유튜브 구독자 수를 합친 것보다 많은 1,200만 명의 팔로워를 갖고 있는 '듀드 퍼펙트Dude Perfect'이다. 듀드는 '친구' '녀석'이란 영어 은어다. 카메라맨이 촬영할 때 "친구, 완벽해Dude, Perfect."라고 말했는데 그것이 팀 이름으로 정해졌다.

이들이 다루는 스포츠 종목은 농구, 축구, 야구 외에도 골프, 양궁, 수상 스포츠 등 매우 다양하다. 이들은 기네스북 기록을 11개나 보유하고 있다. 2016년 연간 수입은 219만 달러(25억 원)에 이른다.

듀드 퍼펙트의 멤버는 미국 텍사스 A&M 대학교에서 룸메이트로 만난 개릿 힐버트Garrett Hilbert, 코디 존스Cody Jones, 타일러 토니Tyler Toney 그리고 쌍둥이 코비 코튼Coby Cotton과 코리 코튼Cory Cotton 등 총 다섯 명이다. 이들은 모두 고교 농구선수 출신이다. 텍사스 북부의 '프리스코Frisco'라는 인구 16만 명의 소도시에 자리 잡고 여러 가지 묘기를 연출해 내고 있다.

듀드 퍼펙트의 '세계 기록편World Record Edition' 동영상을 보면 헤딩으로 또는 바닥에 앉아 먼 거리의 농구 골대에 골 넣기, 눈 가리고 골 넣기, 공중 제비돌기한 후 골 넣기 등 화려하다. 이들의 묘기를 지켜보던 기네스협회 직원이 쉴 새 없이 세계 기록 인증서를 건넨다.

그뿐만 아니다. 그들은 미국 오클라호마시티의 172미터 높이 고층 건물에서 농구공을 던져 골대에 집어넣는 묘기를 보여준다. '얼마나

듀드 퍼펙트는 다양하고 현란한 묘기로 11개의 기네스기록을 보유하고 있다.

듀드 퍼펙트의 멤버는 미국 텍사스 A&M 대학교에서 룸메이트로 만난 개릿 힐버트, 코디 존스, 타일러 토니 그리고 쌍둥이 코비 코튼과 코리 코튼 등 총 다섯 명이다. 이들은 모두 고교 농구선수 출신이다.

많은 연습을 했을까?'라는 생각과 혹시 '속임수 아닐까?'라는 생각이 교차한다. 팀원 코디 존스는 "사람들이 우리 영상이 가짜라고 우길 때 더욱 신이 난다. 사실이든 아니든, 사람들이 관심을 가질수록 우리의 묘기가 널리 알려지기 때문이다. 우리는 사람들이 신기해하는 이 미스테리를 사랑한다"고 말했다.

듀드 퍼펙트의 홈페이지에 들어가면 야후와 허핑턴포스트 등 다양한 매체들의 보도들이 있다. 허핑턴포스트는 이들의 묘기를 "인터넷에서 가장 센세이셔널한 동영상 중 하나"라고 평가했다.

듀드 퍼펙트는 기업들에 엄청난 프로모션 기회를 제공한다. 그들의 놀이에 자연스럽게 브랜드를 노출한 '프링글스Pringles'의 방송 간접광

미국에선 요즘 청소년들의 장래 희망이 듀드 퍼펙트 같은 유튜브 스타라고 말할 정도로 인기가 높다.

고가 대표적이다.

켈로그가 2012년 P&G로부터 인수한 프링글스는 1967년부터 미국 최초의 진공 포장 감자 스낵을 판매해온 회사다. 대표적인 브랜드 자산은 바삭한 맛을 오랫동안 지켜주는 원통형 과자 통이다. 프링글스의 고유한 원통 캔에 탁구공 집어넣기, 코끼리 코 잡고 빙빙 돌다가 먼저 뛰어가 탁구공 넣기 등을 펼친다.

프링글스 과자통은 여기서 최고의 놀이기구로 변신한다. 특히 '핑퐁 트릭숏2' 동영상의 경우 2016년 10월 기준 7,200만 뷰를 기록했다. 탁구공을 활용한 듀드 퍼펙트의 묘기를 보고 나니 프링글스 과자를 볼 때마다 듀드 퍼펙트의 익살스런 묘기가 생각난다.

듀드 퍼펙트의 브랜드 위상도 날로 높아지고 있다. 브랜드 협업 외

Paul Rudd Joins Dude Perfect for the Most Epic Sports Showdown Ever

BY LYDIA PRICE · @LYDSPRICE

POSTED ON JULY 9, 2015 AT 4:00PM EST

f SHARE   🐦 TWEET   ✉ EMAIL

영화 「앤트맨」의 주인공 폴 러드(맨 왼쪽)도 듀드 퍼펙트와 스포츠 동영상을 찍었다고 미국 연예지 『피플』지가 보도했다.(2015. 7. 9.)

에도 2015년에 개봉한 영화 「앤트맨」의 주인공 폴 러드Paul Rudd와도 스포츠 동영상을 함께 찍었다. 그들의 이름을 딴 스마트폰 앱 '듀드 퍼펙트' '듀드 퍼펙트 2'도 출시됐다. 이들은 사회공헌 활동에도 적극 나선다. 10만 뷰를 달성할 때마다 컴패션 인터내셔널Compassion International 재단을 통해 어린이 한 명을 후원한다는 서약도 했다. 컴패션 인터내셔널 재단은 미국 콜로라도 주에 본사를 둔 기독교 어린이 후원 단체로 세계 각국의 불우한 어린이를 돕는다.

미국에선 요즘 청소년들의 장래 희망이 듀드 퍼펙트 같은 유튜브 스타라고 말할 정도로 인기가 높다. 듀드 퍼펙트는 이제 차세대의 롤 모델과 스포츠 아이콘으로 위상을 확보했다.

볼링을 활용해 묘기를 보이는 듀드 퍼펙트. 조회 수가 5,000만 뷰를 넘었다.

퓨디파이

● 세계에서 가장 돈을 많이 번 유튜브 스타는 누구일까? 그는 바로 스웨덴 출신의 게임 크리에이터로서 유튜브 채널 구독자가 2016년 11월 기준 4,900만 명에 이르는 '퓨디파이PewDiePie'이다.

미국 경제주간지 『포브스』는 '세계에서 가장 돈을 많이 번 유튜브 스타'로 2015년 1,200만 달러(약 135억 원)를 번 퓨디파이라고 보도했다. 미국 시사주간지 『타임』은 그를 2015년 '미국에서 가장 영향력 있는 인물 30인'에 선정했고 2016년 '세계에서 가장 영향력 있는 인물 100인'에 선정했다.

퓨디파이는 가장 좋아하는 1인 게임에 몰입하면서 자유분방하게 소리를 지르고 수다를 떤다. 꾸밈없는 모습을 구경거리로 만들어 높

퓨티파이는 『포브스』 선정 '세계에서 가장 돈을 많이 번 유튜브 스타'이다. 퓨디파이는 게임하는 동안 자신의 얼굴을 보여주는 리액션캠 기법을 주로 사용한다. 사진은 「암네시아」 게임의 한 장면. 그는 개인 팬을 "브로^{Bro}"라고 부른다. (화면 좌측 상단 참조)

은 수입을 올리면서 자선 활동도 활발히 하는 유튜브 스타이다.

처음에는 퓨디PewDie로 등록했다. 퓨Pew는 레이저 사운드를 의미하고 '디Die'는 '죽음Death'을 의미한다. 이후 그는 계정 암호를 잊어버려 자신이 좋아하는 음식인 '파이Pie'를 더해 '퓨디파이PewDiePie'로 다시 계정을 만들었다.

퓨디파이의 본명은 스웨덴어로 펠릭스 아르비드 울프 셸배리Felix Arvid Ulf Kjellberg다. 1989년생인 그의 트레이드마크는 헤드셋, 노랑 머리, 수염 그리고 프로그램 마지막에 카메라를 향해 주먹을 불끈 쥐는 '브로피스트Brofist'라는 행동이다.

그는 팬들을 형제brother같이 끈끈한 친구라는 의미의 '브로Bro', 팬 그룹을 '브로 아미Bro Army'라고 부른다. 퓨디파이와 브로 아미는 '성

퓨디파이의 본명은 스웨덴어로 펠릭스 아르비드 울프 셸배리다. 1989년생인 그의 트레이드마크는 헤드셋, 노랑 머리, 수염 그리고 프로그램 마지막에 카메라를 향해 주먹을 불끈 쥐는 '브로피스트'라는 행동이다.

쥬드 세이브 더 칠드런St. Jude, Save the Children' 재단과 함께 100만 달러 (약 12억 원)를 모금해 1만 명 이상의 아프리카 르완다 국민들에게 물을 공급해주는 사회봉사 활동을 전개했다

　그는 어려서부터 게임을 즐겼다. 스웨덴의 찰머스공과대Chalmers University of Technology에서 기술경영학을 공부했지만 2011년에 유튜브 활동을 위해 중퇴했다. 그의 부모는 그가 대학을 중퇴하자 지원을 끊었다. 이후 그는 핫도그나 비디오 게임을 판매하거나 포토샵 작업을 하면서 생활고를 이겨냈다. 초기에는 수입이 거의 없어 일주일 동안 스파게티만 먹었다고 한다. 그것도 소스 없이 말이다. 우리로 치면 반찬 없이 맨밥만 일주일 내내 먹은 셈이다.

HORROR MOVIES *GAME*

0:42 / 13:46

퓨디파이의 이탈리아 출신 여자 친구인 마르지아 비소닌 역시 2017년 1월 기준 690만 명
의 구독자를 가진 유튜브 스타이다(그녀는 유튜브에서는 '큐티파이마르지아'로 알려졌다).

5:26 / 7:07

싸이의 「강남스타일」에 맞추어 춤을 추는 퓨디파이(맨 오른쪽)

그러다 2011년 공포물 게임 웹캠 실황 영상을 올리며 인지도가 급상승했다. 2012년 7월에는 100만 명, 2012년 9월에는 200만 명의 구독자가 생겼다. 2013년 9월에는 1,200만 명의 구독자로 기네스북에도 올랐다. 2016년 하루 평균 조회 수가 약 770만 건에 달했다.

핵심 요소는 게임 리뷰와 게임 중 익살스러운 행동으로 이루어져 있다. 쉴 새 없이 떠들고 시끄럽게 소리 지르며 비속어와 욕을 너무 많이 사용한다는 비판도 많다. 하지만 이런 점들이 오히려 그를 최고의 유튜버로 만드는 비결이다. 『타임』은 "퓨디파이의 화법은 열정적이고 신선하다"며 "카리스마 넘치는 해설자"라고 소개했다. 그는 게임에 몰입하는 자신의 표정을 웹캠으로 찍어 보여주는 실시간 리액션 캠을 최초로 만들어낸 주인공이다. 또한 자신이 지르는 비명을 일일이 슬로우 모션(느린 화면)으로 다시 보여준다. 자막에 이모티콘을 넣기도 한다.

퓨디파이는 또한 유명 회사들의 비디오 게임과 인디 게임 개발자들도 지원한다. 퓨디파이가 소개한 인디 게임들은 대부분 판매가 급증한다. 퓨디파이는 팟캐스트도 운영하고 있다. 자신이 직접 개발한 모바일 게임 「레전드 오브 브로피스트」도 선보였다. 저서 『이 책은 당신을 사랑합니다This book loves you』는 베스트셀러가 됐다.

그의 이탈리아 출신 여자 친구 마르지아 비소닌Marzia Bisognin도 2017년 1월 기준 690만 명의 구독자를 거느린 유튜브 스타다. 미모와 몸매가 출중하다.

그의 한국과의 인연을 살펴보면 2NE1의 「내가 제일 잘 나가」 노래에 맞춰 춤을 췄고 싸이의 「강남스타일」 춤도 췄다.

5:20/9:30

스모쉬

● 스모쉬Smosh는 1987년생 동갑내기 친구인 이안 히콕스Ian Hecox 와 안토니 파디야Anthony Padilla가 함께 만드는 코미디 콘텐츠다. 안토니 파디야가 2003년 처음 뉴그라운드라는 채널에 스모쉬란 이름으로 동영상을 올리기 시작했고 2005년 이안 히콕스가 합류해서 유튜브를 대표하는 미국의 듀오 코미디 크리에이터로 성장했다. 스모쉬는 2007년 유튜브 비디오 어워즈에서 「스모쉬 쇼트2:스트렌디드Smosh Short 2: Stranded」로 최우수 코미디 상을 받았다.

이들은 스모쉬 채널 외에도 블로그, 게임, 코미디, 만화 등과 관련된 채널들도 운영한다. 2015년 「스모쉬」라는 제목의 장편 영화에도 직접 출연했다. 이 영화는 개봉과 함께 애플 아이튠즈 코미디 필름 차트

스모쉬는 매년 말 네티즌들이 추천한 음식으로 싸우거나 코믹한 영상을 만드는 '음식전쟁'
을 2006년경부터 매년 실시하고 있다. (사진은 2014년 동영상)

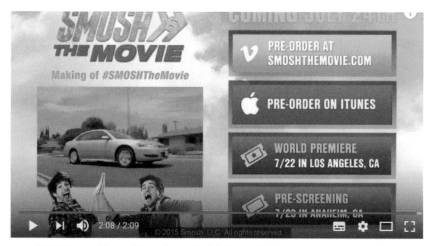

미국 유튜브 스타 '스모쉬'를 모티프로 한 영화 홍보 트레일러. 이안 히콕스(왼쪽)와 안토니
파디야.

도널드 트럼프를 희화화한 스모쉬의 동영상 '만일 도널드 트럼프가 ~라면……'.

1위, 전체 영화 순위 차트 2위에 올랐다. 스모쉬는 2016년 10월 기준 구독자 수 2,200만 명, 조회 수 60억 뷰를 넘어섰다.

　대표적인 콘텐츠는 음식으로 장난치는 '음식 전쟁FOOD BATTLE'이다. 도넛으로 변기 내부 청소하기, 도넛을 양말처럼 신기, 도넛을 자전거 안장으로 사용하기, 얼음과자로 제초하기, 음식을 말아서 담배처럼 피우기 등 엽기적인 영상이 올라와 있다. 혐오스런 감정과 재미를 동시에 준다.

　'만일 도널드 트럼프가 ~라면……What if Donald Trump……'이라는 제목으로 트럼프를 조롱하는 영상도 있다. 가령 트럼프가 멕시코인이라면, 트럼프가 GPS가 된다면 등. 스모쉬는 우리나라 개그맨 유세윤을 닮은 모습으로 등장해 웃음을 자아낸다.

　스모쉬닷컴에서는 게임, 음악, T셔츠나 모자, 캐주얼 등 스모쉬의 로고가 새겨진 기념품도 판매한다.

미셸 판

● 미셸 판Michelle Phan은 미국 보스턴에서 출생한 베트남계 미국인
으로서 독보적인 유튜브 뷰티 크리에이터이다. 우리나라에도 다녀가
널리 알려져 있다. 2016년 11월 기준 미셸의 유튜브 채널을 구독하
는 사람의 수는 약 800만 명이다. 동영상 누적 조회 수는 11억 7,500
만 뷰에 이른다. 유튜브 채널의 광고 수입만으로 2016년 30억 원 이
상을 벌어들인 것으로 알려졌다.

1987년생인 미셸 판의 아버지는 도박중독자로 그녀가 6세 때 가
출했다. 어려서부터 어렵게 생활하던 그녀는 15세 때 자신이 동경하
던 부유하고 화려한 생활에 대해 블로그를 쓰기 시작했다. 초기에는
자신이 제작한 화장법 영상을 사이트에 올려 돈을 벌었다. 2007년 두

미셸 판은 2007년 두 소녀가 화장법에 대해 질문을 하자 자신의 화장법과 뷰티 노하우를 담은 7분짜리 영상을 유튜브에 올렸다. 이것이 1주일 사이에 4만 뷰를 기록했다. 이후 메이크업 영상을 꾸준히 올려 세계적인 메이크업 아티스트 반열에 올랐다.

소녀가 화장법에 대해 질문을 하자 그들을 위해 자신의 화장법과 뷰티 노하우를 담은 7분짜리 영상을 유튜브에 올렸다. 이것이 1주일 사이에 4만 뷰를 기록했다. 이후 메이크업 영상을 꾸준히 올려 세계적인 메이크업 아티스트 반열에 올랐다. 그녀는 유튜브에 올리는 동영상에 대해 제작, 연출, 편집까지 전 과정을 직접 했다.

　대표적인 콘텐츠로는 이집트 여왕, 레이디 가가, 백설공주, 미란다커, 쟈스민 공주, 뱀파이어 등 다양한 캐릭터의 화장법들이다. 특히 동양계인 미셸 판이 안젤리나 졸리로 변신한 화장법은 놀라울 따름이다. 그녀는 단순히 예쁘기만 한 메이크업을 넘어 휴가나 학교생활 등 주제, 시간, 장소에 따른 다양한 테마 메이크업 영상을 소개하며 큰 인기를 얻었다.

　'얼굴형에 가장 잘 어울리는 안경 선택법' 영상에서는 자신의 얼굴

미셸 판이 한국 화장품에 대해 소개하고 있다.

을 립스틱으로 거울에 그린 후 네모난 형태의 얼굴에는 둥근 테가 어울린다는 점을 그림과 함께 쉽게 설명했다. 그녀가 방송에 천부적인 재능을 지녔음을 느끼게 한다. 2010년 그녀는 세계적인 화장품 브랜드 랑콤의 메이크업 아티스트가 됐다. 2015년에는 『포브스』로부터 '30세 이하의 30인 아트 스타일리스트' 중 1명으로 선정됐다.

미셸 판은 자신의 브랜드도 출범시켰다. 자신이 선택한 화장품을 박스에 넣어 판매하기 시작했다. 2011년 회원이 되면 상품을 정기적으로 배송해주는 '구독 커머스Subsciption Commerce' 방식의 마이글램My-Glam을 창업한 것이다. 마이글램은 이듬해 '잎시ipsy'로 변경됐다. 잎시는 2016년 기준 미국과 캐나다 등 150만 명 이상 회원에게 매달 화장품을 보내고 있다.

그녀는 한국 화장품 관련 동영상도 올렸다. '미시스 기브 웨이Mish's

미셸 판이 그린 웹툰 '헬리오스 페미나Helios :Femina'

Give Way: 코리아 뷰티 슈왁Korea Beauty Schwag'이란 제목의 영상에서 그린티 마스크 팩을 소개하면서 한국에서는 샘플용 화장품을 많이 준다고 말한다. 샘플을 자신의 손등에 듬뿍 바르기도 한다. 또한 한국 여인들은 진한 화장을 기피한다는 설명도 잊지 않았다. 특히 아모레퍼시픽의 이니스프리 화장품을 집중 소개했다. 아모레퍼시픽은 미셸 판을 통해 막대한 홍보 효과를 거둔 셈이다.

그녀는 상당한 실력의 웹툰작가이기도 하다. 웹툰스닷컴webtoons.com에 '헬리오스 페미나Helios: Femina'라는 웹툰을 올리는데 실력이 상당한 수준이다.

목소리도 감미로운 그녀는 2016년 마블코믹스의 모바일게임 등장인물인 '제시카 존스'의 목소리를 연기했다.

백설공주로 분장한 미셸 판

한류 스타로 분장한 미셸 판

미셸 판의 홈 페이지에는 브라질의 소설가 파울로 코엘료의 책『연금술사』에서 인용한 글귀가 눈에 띈다. "우리가 지금보다 더 나아지려고 노력할 때, 우리를 둘러싼 모든 것들도 개선된다."

미셸은『포브스』와의 인터뷰에서 "유튜브가 없었다면 오늘의 '나'는 없었을 것이다. 나는 유튜브가 축복이라고 생각한다."라고 말했다. 그녀는 앞으로 메이크업뿐 아니라 비디오 게임, 기술, 음악 등 광범위한 분야에 도전할 계획이라고 했다.

타일러 오클리

● 영국의 유력 일간지 『가디언』은 2015년 "만약 당신이 16세 이 상이라면 타일러 오클리Tyler Oakley는 당신이 모르는 사람 중 가장 유 명한 이름일 것이다."라고 보도했다. 타일러 오클리는 2016년 11월 기준 유튜브 채널 구독자 800만 여 명을 보유하고 있다. 트위터에는 500만 명 이상, 인스타그램에 600만 명 이상의 팔로워를 각각 거느 린다.

타일러 오클리의 본명은 매튜 타일러 오클리Mathew Tyler Oakley이 다. 그는 1989년 미국 미시간 주에서 태어난 유튜브 스타이자 가장 영향력 있는 성소수자LGBT 운동가 겸 비디오 블로거이다. LGBT란

미국 파워 유튜버 타일러 오클리는 2015년 영부인 미셸 오마바 여사와 인터뷰를 진행했다.

1990년대부터 미국에서 레즈비언Lesbian, 게이Gay, 양성애자Bisexual, 트랜스젠더Transgender를 합쳐 성소수자를 일컫는 단어다.

유아시절에 부모가 이혼한 그는 만 14세 때 동성애자라는 사실을 당당히 고백했다. 2007년 미시간대에 진학해 커뮤니케이션, 마케팅, 소셜 미디어를 공부하면서 유튜브를 처음 접해 활동을 시작했다. 1세대 크리에이터인 셈. 그의 채널은 주로 동성애 관련 고민 상담이나 패러디 등을 다룬 동영상들을 소개한다.

유튜브 크리에이터와의 콜라보레이션(협업) 영상, 대중문화, 사회 트렌드 등 다양한 주제의 영상도 다루고 있다. 그는 말을 속사포처럼 빠르게 구사한다. '틴스 리액트Teens React'라는 제목으로 '10대들이 본인을 바라보는 견해'를 담은 영상을 올리기도 했다. 10대 여학생들은

10대들의 타일러 오클리에 대한 반응 동영상.

타일러 오클리는 대중문화와 사회 트렌드 등 다양한 주제를 콘텐츠로 다루고 있고 대중들에게 진솔한 이야기를 들려줘 큰 인기를 얻고 있다. 그는 2015년 『타임』이 선정한 가장 영향력 있는 인터넷 인물 30인 중 한 명으로도 지목됐고 현재 유튜브 채널 구독자 약 800만 명을 보유하고 있다.

대체로 그가 "귀엽다.""헤어 스타일이 멋지다.""에너제틱하다."라는 긍정적인 반응을 나타냈다.

그는 기존 방송에서 접하기 어려운 이야기를 진솔하게 들려줘 많은 이들의 공감을 얻었다. 미국 MCN 업체 어썸니스awesomeness TV의 CMO최고마케팅책임자 티제이 마체티는 이렇게 말한다.

"오클리가 인기가 있는 것은 그의 일상을 그대로 보여줬기 때문입니다. 그의 긍정적인 태도에 젊은이들이 많은 감흥을 받았습니다."

그는 미국 유명 방송국 CBS의 토크쇼 '토크The Talk'의 고정 게스트로 활동했다. 2015년에는 『타임』이 가장 영향력 있는 인터넷 인물 30인 중 한 명으로 선정했다.

오클리의 영향력은 유튜브에만 국한되지 않는다. 그가 2015년 자신의 이야기를 엮어 내놓은 첫 에세이 『빈지Binge』는 출간 직후 뉴욕 타임스 베스트셀러 비소설 부문 1위에 올랐다. 그는 백악관에서 오바마 대통령 내외와도 만나 교육 문제에 대해 논의하기도 했다.

린지 스털링

● 유튜브 스타 중에는 게임 해설로 유명한 '퓨디 파이', 스포츠 묘기의 대가 '듀드 퍼펙트', 엽기적이고 코믹한 '스모쉬' 등 독창적이고 다양한 크리에이터들이 많다.

특히 힙합 바이올리니스트 '린지 스털링Lindsey Sterling'은 음악, 영화, 뮤지컬, 게임 등을 종합해 춤을 추며 연주하는 독특한 아티스트다. 그녀의 직업은 바이올리니스트, 퍼포먼스 아티스트, 작곡가로서 클래식, 힙합, 일렉트로닉 분야를 넘나들며 연주한다.

스털링은 1986년 미국 캘리포니아 주의 샌타애나에서 태어나 애리조나 주에서 자랐다. 5세 때부터 바이올린을 배우기 시작했는데 당시 집안 형편이 어려워서 일주일에 15분밖에 레슨을 받지 못했다. 그

2010년 미국 NBC 방송 「아메리카즈 갓 탤런트」에 참가한 린지 스털링의 공연 모습

녀는 바이올린과 댄스를 모두 배우고 싶었지만 집안 사정으로 바이올린만 택했다. 12년간 바이올린 개인레슨을 받으며 실력을 쌓았다. 이후 댄스를 좋아하는 그녀의 기질 덕분에 춤을 추며 연주하는 바이올리니스트가 됐다.

그녀는 16세 때 고등학교의 록 밴드에 들어갔다. 그때 경험을 바탕으로 솔로 바이올린 록 음악을 작곡해 애리조나 주니어 미스 경연대회에서 수상했다. 24세 때인 2010년에 미국 NBC방송의 '아메리카즈 갓 탤런트 시즌 5America's Got Talent Season 5'에 참여해 준결승까지 진출했다. 여기서 안경을 낀 채 귀엽고 발랄하게 테이블 위를 오르내리며 현란한 안무를 곁들여 연주했다. 관객들은 열광했다. 하지만 심사위원들은 시큰둥했다. "당신은 재능이 있지만 하늘을 날면서 연주하기엔 충분하지 않다." "당신은 그룹이 필요하다. 아직 충분치 않다"고 다소 부정적으로 평가했다. 하지만 그녀는 낙심하지 않았다. 자신이 좋

린지 스털링은 다양한 콘셉트에 맞는 의상을 입고 춤을 추며 연주하는 힙합 바이올리니스트이다.

아하는 방식을 개척하고 자기만의 스타일을 적극 개발해 나갔다.

스털링은 '아메리카즈 갓 탤런트 시즌 5'에 출연한 것을 계기로 2012년 첫 번째 앨범 「린지 스털링」을 내놨다. 이 앨범은 미국 댄스/일렉트로닉 차트와 클래식 차트에서 1위에 올랐다. 스털링은 클래식부터 팝까지는 물론 힙합부터 덥스텝Dubstep까지 다양한 음악 스타일을 연주했다. 덥스텝은 낮은 주파수의 강력한 베이스와 드럼, 둔탁하고 느린 템포의 사운드를 일컫는 덥, 두 박자를 쪼개 4분의 4박자를 만드는 투 스텝 리듬을 결합한 일렉트로닉 장르를 일컫는다. 스털링의 유튜브 채널은 2011년부터 본격 인기를 얻었다. 비디오 통계회사 비드스태츠엑스VidstatsX 자료에 따르면 2017년 1월 기준 총 조회 수

린지 스틸링은 뮤지컬 「오페라의 유령」을 1인 4역으로 연주했다.

16억 4,500만 뷰를 돌파했고 884만 명이 구독하고 있다.

그녀의 곡 「크리스털라이즈Crystallize」 동영상은 2012년 12월 당시 4,200만 뷰를 기록해 '2012년 가장 많이 본 동영상' 8위에 올랐다. 이 영상은 2017년 1월 기준 1억 6,400만 뷰를 기록했다. 이 영상은 남극 또는 북극을 연상시키는 얼음 계곡에서 그녀가 열광적으로 연주하는 모습을 보여준다.

스틸링은 특히 퍼포먼스의 귀재다. 바이올린을 연주하면서 발레 등 댄스 퍼포먼스를 선보인다. 영화, 뮤지컬 등을 소재로 다양한 공연을 펼쳤다. 뮤지컬 「레미제라블」 공연에서는 초라한 행색의 불쌍한 여성이 애절한 연주를 하다가 술집 여주인으로 변해서 경쾌한 음악을 연주한다. 다시 화려한 흰색 드레스를 입고 연주하는 등 1인 4역 콘셉트에 맞는 의상을 입고 연주한다. 「오페라의 유령」에서는 경쾌한 일렉트로닉스 연주와 애절한 연주를 병행하는 퍼포먼스로 시청자들의

'라운드 테이블 라이벌Rountable Rival' 동영상에서는 미국 서부 시대를 무대로 연주한다.

린지 스털링은 영화 「왕좌의 게임」 타이틀 곡 연주에도 참여했다.

감정을 사로잡는다.

　영화 「미션 임파서블」을 패러디한 공연에서는 바이올린을 무기처럼 들고 다니며 연주한다. 톰 크루즈가 천장에서 내려오듯 그녀도 천장에서 내려와 바이올린을 켜며 악보를 훔치는 모습에서는 웃음이 절로 나온다. 영화 「레지던트 이블」의 밀라 요보비치처럼 살인광선을

1:59 / 4:33

린지 스털링은 피아니스트 랑랑과 함께 영화 「스파이더 맨」 타이틀곡 연주에 참여했다.

Album on iTunes

2:50 / 5:11

좀비들이 등장하는 동영상 '문 트랜스'

피해가는 모습을 패러디하기도 했다.

서부극을 연상시키는 '라운드 테이블 라이벌Rountable Rival'에서는 카페 주인으로 나와 총잡이들과 악기를 겨룬다(?). 그녀는 다른 영상에서 때로는 짙은 화장에 비를 맞으면서, 때로는 이글거리는 화염 앞에

린지 스털링은 영화 「미션 임파서블」을 패러디하며 연주했다.

'새도우' 동영상에서는 그림자가 린지 스털링과 따로 움직이는 독특한 영상을 제공한다.

서, 때로는 사막에서 안무를 곁들인 공연을 한다. 예전에 전자 바이올리니스트로 유명했던 바네사 메이와는 전혀 다른 분위기다. '새도우' 영상에서는 연주할 때 그림자의 모습이 크게 비춰지다가 그녀와 그림자가 따로 연주하는 유니크한 영상을 보여준다. '드라큐라'에서는 그

린지 스털링은 2013년과 2015년 2회 내한 공연을 했다.

로테스크한 분위기에서 연주한다. 그녀는 또한 게임 「젤다의 전설」의 주인공인 링크의 복장으로 바이올린을 연주하거나 포켓몬 게임 등 인기 비디오게임의 주제곡 영상을 선보여 게이머들로부터도 큰 사랑을 받고 있다.

그녀는 영화 「왕좌의 게임」 주제곡 연주에도 참여했다. 클래식 피아니스트의 대가 랑랑과는 영화 「스파이더 맨」의 주제곡을 함께 연주했다. 그녀는 2012년 54회 그래미상 시상식에서 '신인상' '최우수 댄스/일렉트로니카 앨범상' '최우수 댄스 음반상' 3개 부문상을 받았다. 2013년 그래미상 시상식에서도 '최우수 댄스 음반상' '최우수 댄스/일렉트로니카 앨범상' '최우수 리믹스 음반상'을 수상했다. 레이디 가가의 매니저였던 트로이 카터가 2015년 매니저를 맡은 이후 '클래식계의 레이디 가가'라는 별명이 붙었다.

그녀는 유튜브 영상 광고 수입 외에도 콘서트 티켓과 아이튠즈의 음원 판매 등을 통해 많은 수입을 거두고 있다. 『포브스』는 '2015년 세계에서 가장 수입이 많은 유튜브 스타' 랭킹을 발표했는데 1위가 퓨디 파이이고 린지 스털링이 연 수입 600만 달러로 4위를 차지했다. 그해 여성 유튜브 스타로는 세계 최고 수입을 기록했다. 『포브스』는 스털링에 대해 "그녀는 바이올린 연주를 한다. 댄스도 한다. 그런데 동시에 한다. 놀라울 따름"이라고 평했다.

그녀의 홈페이지를 살펴보면 유럽 투어 공연 일정이 빽빽이 나와 있다. 2017년 2월부터 4월까지 15개국 이상을 3~4일 만에 한 차례씩 공연하는 초인적인 스케줄이다. 그녀는 2013년과 2015년 두 차례 내한공연을 했다. 한국 연예인으로는 소녀시대와 빅뱅을 좋아한다고 말했다.

그녀의 콘텐츠는 색다른 재미와 감동을 준다. 현란한 바이올린 연주, 스턴트맨 못지않은 액션, 우아한 발레, 게임 같은 판타지, 콘셉트에 맞는 화려한 의상 등 그녀가 재구성한 영상은 한 마디로 독특하다. 만약 유튜브가 없었다면 그녀는 콘서트장에서 조용히 공연만을 했을까 상상해보니 유튜브의 위력이 새삼 대단하다고 느껴진다.

중국

중국 수출은
왕홍에게 맡겨 주십시오!

5:20 / 9:30

● 중국 SNS 스타는 '왕홍'으로 불린다. '왕뭐홍런网絡红人의 준말로 인터넷 스타란 의미다. 한국의 인기 BJ와 마찬가지다. 글로벌 세상에서 BJ의 핵심 미디어가 유튜브라면 중국에서는 웨이보라 할 수 있다. 유명 왕홍의 수입은 이미 인기 배우나 가수들을 능가한다. 왕홍은 인터넷 생방송, 웨이보, 웨이신 등 SNS에서 다방면으로 활동하면서 '왕홍 경제'라는 새로운 경제 현상까지 만들어내고 있다.

중국 시장조사업체 애널리시스에 따르면 2016년 왕홍 경제 규모는 약 528억 위안(약 8조 8,000억 원)이며 매년 59.4%씩 성장해 2018년에는 1,016억 위안(약 17조 원)에 달할 것으로 전망된다. 전자상거래상에서 상품을 추천하는 왕홍들이 주류다. 2016년 전자상거래와 인터

중국 시장조사업체 애널리시스에 따르면 2016년 왕홍 경제 규모는 약 528억 위안(약 8조 8,000억 원)이며 매년 59.4%씩 성장해 2018년에는 1,016억 위안(약 17조 원)에 달할 것으로 전망된다.

넷 생방송은 왕홍경제의 86.4%를 차지했다. 중국 봉황 TV凤凰资讯는 중국에 100만 명 이상의 왕홍이 있고 2016년을 '왕홍 경제의 원년'이라고 보도했다.

콘텐츠 내용을 살펴보면 왕홍은 뷰티, 게임, 연애, 요리, 의료, 상품 리뷰 등 일상에서 다양한 주제를 다룬다. 왕홍들은 주제에 어울리는 제품을 홍보 및 판매하거나 광고 모델로 활동해 수입을 올린다. 뷰티의 경우, 왕홍 시대를 개척한 미녀 창작자들이 주인공이다. 화장, 패션 등에 관한 콘텐츠를 생산하고 스스로 직접 운영하는 온라인 상점들을 통해 제품을 판매한다. 게임 전문 왕홍들은 대부분 프로게이머 출신으로 게임 콘텐츠를 중계 해설한다. 이들은 컴퓨터 주변 용품이나 게임, 간식, 액세서리 등을 팔아 돈을 번다.

미국이나 한국의 개인 창작자들이 주로 동영상 콘텐츠에 노출되는 광고를 통해 수익을 올리는 데 비해 중국 왕훙은 직접 전자상거래를 통해 큰돈을 번다. 그러나 콘텐츠 부문으로 권력이동 조짐이 엿보인다.

이 책에서는 연애 이야기를 하는 왕훙 파피장, 애완동물을 다루는 회이이쥬안용샤오마지아, 뷰티 부문 장다이와 슈에리 그리고 게임 부문 미스를 소개한다.

파피장

● 가냘프고 평범해 보이는 20대 중국 여성이 빠른 말로 쉴 새 없이 수다를 쏟아낸다. 때로는 안경을 걸치고 때로는 컴퓨터 자판을 두드리며 음성 변조기를 통해 코믹한 어투로 열변을 토한다. 화면은 2배속 동영상으로 무척 빠르다. 대륙의 수다쟁이 '파피장papi醬', 본명 '장이레이姜逸磊'이다.

파피장은 중국 여배우 탕웨이의 모교로도 유명한 베이징 중앙희극학원의 감독학과 석사 출신이다. 그녀는 2015년 초부터 중국판 트위터 웨이보에 40~50편의 짤막한 동영상을 발표해 1년도 채 안 돼 중국 굴지의 SNS 스타로 떠올랐다. 그녀는 2015년 중국 왕훙 스타 2위에 랭크됐다. 불과 10개월 만에 웨이보에서 팔로어가 1,800만 명

파피장이 만든 동영상은 주로 연애, 결혼 등 일상적인 남녀 관계를 유머러스하게 묘사하고 있다. 음성변조기를 이용해 빠르고 웃긴 목소리를 들려주는 게 특징이다.

을 넘어섰다. 동영상 콘텐츠는 요우쿠优酷, 텅쉰腾讯 등에서 수억 건의 조회 수를 기록했다.

그녀가 만든 동영상은 주로 연애, 결혼 등 일상적인 남녀 관계를 유머러스하게 묘사하고 있다. 음성변조기를 이용해 빠르고 웃긴 목소리를 들려주는 게 특징이다. 그녀는 '연애하는 친구와 절교하고 싶을 때' '남자의 생존법' '이런 친구 사귀지 마세요' 등 청춘남녀가 관심을 가질 만한 주제들을 재미있게 풀어낸다. 마치 한국의 유명 크리에이터 김이브를 연상시킨다.

차이점이라면 김이브는 네티즌들과 남녀 관계를 허물없이 대화하는 스타일인 데 비해 파피장은 속사포같이 말을 쏟아낸다. 파피장은 또한 입는 옷이나 안경이나 표정을 수시로 바꿔 지루하지 않고 변화

[是我的眼光锁定你]

파피장은 입는 옷이나 안경이나 표정을 수시로 바꿔 지루하지 않고 변화무쌍한 느낌을 준다.

무쌍하다. 감독학과 출신답게 동영상 편집에도 재능을 보여준다.

파피장이 처음 주목받기 시작한 것은 2015년 8월 '남성생존법칙^{男性}
生存法則'이라는 영상이다. 이 영상은 남녀 간 의식 차이에 대한 내용인데
중국 네티즌들로부터 큰 인기를 얻었다. 2016년 3월 파피장은 중국
유명 콘텐츠 기업인 '뤄지스웨이^{邏輯思維}' 등 4개 기업으로부터 1,200만
위안(22억 원)의 투자를 받았다.

2016년 4월에는 콘텐츠에 실을 광고를 경매에 부쳐 불과 7초 만에
상하이 소재 화장품 업체인 '리런리장^{麗人麗粧}'에 2,200만 위안(37억 원)
이라는 거액에 낙찰됐다. 덕분에 파피장의 몸값은 무려 3억 위안(약
540억 원)으로 뛰었다. '브랜드 앰배서더Brand Ambassador'로서 그녀의
영향력이 얼마나 큰지 보여줬다.

왕훙을 활용한 새로운 경제 생태계가 형성되고 있음을 알려주는 좋

은 사례다. 중국의 한 주간지는 파피장을 '2016년 최고 왕홍 스타'로 선정했다. 웨이보 검색창에서 'papi'를 치면 들어갈 수 있다.

장다이

● 중국에서 전자상거래로 돈을 벌려면 2008년에는 '타오바오'몰에 입점해야 했고 2013년에는 '웨이신'(위챗)에 온라인 상점을 내야 했고 2016년부터는 '왕홍'이 돼야 한다는 말이 유행하고 있다. 전자 상거래 분야에서 '왕홍'의 영향력은 막강하다.

미녀 왕홍 스타인 장다이※※※가 대표적이다. 1988년생으로 본명은 장이※※이다. 모델 출신으로 패션 블로그를 운영하고 있는 그녀는 2017년 1월 기준 웨이보에서 팔로워 465만 명을 보유하고 있다. 그녀는 다양한 옷을 입은 모습의 사진을 웨이보에 올리면서 유명해졌다. 처음에는 단순히 인터넷 얼짱으로 관심을 모았다. 하지만 장다이의 패션을 따라입는 네티즌이 늘자 2014년 5월 중국 인터넷 쇼핑몰

장다이는 2016년 패션/뷰티 부문 왕홍 톱 20에서 1위를 기록했다. 그녀는 MCN 회사 항저우 루한 소속이고 그 회사에서 의류 생산 관리 및 상점을 운영하고 있다.

'타오바오淘寶'에 매장을 열었다. 그녀가 입어보고 타오바오에 올린 의류는 몇 분 만에 수천 벌이 판매될 정도로 인기를 얻었다. 장다이가 입은 블라우스, 구두, 액세서리들은 불티나게 팔렸다. 때때로 웨이보에서 추첨을 통해서 판매 상품을 증정하는 이벤트를 진행하고 있다.

　장다이는 2016년 패션/뷰티 부문 왕홍 톱 20에서 1위를 기록했다. 그녀는 MCN 회사 항저우 루한杭州如涵 소속이고 그 회사에서 의류 생산 관리 및 상점을 운영하고 있다. 2015년에는 그녀가 운영하는

그녀는 다양한 옷을 입은 모습의 사진을 웨이보에 올리면서 유명해졌다. 처음에는 단순히 인터넷 얼짱으로 관심을 모았다.

쇼핑몰 매출이 3억 위안(509억 원)으로 타오바오의 패션 쇼핑몰 중 2위를 차지했다. 장다이는 2015년 11월 11일 '중국판 블랙프라이데이'로 불리는 광군제(독신자의 날) 하루에만 우리나라 돈으로 98억 원어치 물건을 판매하는 기록을 세웠다. 그녀는 매장을 연 지 1년도 안되는 기간 동안 5번의 판매왕을 기록했다. 월 수익도 수억 원에 달했다. 2015년 장다이가 번 돈은 중국 유명 배우 판빙빙의 2015년도 수입 1억 3,000만 위안(222억 원)보다 두 배나 많을 것으로 예상됐다.

통계에 따르면 2015년 왕홍들이 벌어들인 수입은 총 580억 위안(약 9조 6,000억 원)에 달했다. 영국 BBC방송도 '돈 잘 버는 인터넷 스타: 왕홍 열풍'을 보도했다. 홍콩TV도 왕홍경제에 대한 특집을 방송하면서 장다이의 활약상을 상세히 보도했다.

왕홍이 가장 큰 영향력을 갖는 분야는 패션이다. 2015년 왕홍들이

장다이는 2015년 11월 11일 '중국판 블랙프라이데이'로 불리는 광군제(독신자의 날) 하루에만 우리나라 돈으로 98억 원어치 물건을 판매하는 기록을 세웠다.

일으킨 패션 수요는 1,000억 위안(약 18조 원)에 달했다. 알리바바그룹이 운영하는 타오바오몰에서 여성의류 판매업체 상위 10개 가운데 5개가 왕훙이 창업한 회사다. 이들 업체는 광고나 판촉행사를 하지 않고 오로지 왕훙의 유명세와 그들을 따르는 팔로워들을 기반으로 큰 매출을 올리고 있다.

유명 영화배우나 가수 등을 활용하는 전통적인 스타 마케팅에 비해 왕훙은 팬덤 규모가 작지만 충성도는 훨씬 높다는 특징이 있다. 전통 스타들은 접근하기 어렵지만 왕훙은 패션, 액세서리, 화장 등 소소한 일상을 팔로워들과 공유한다. 디자인도 소규모 팬들에게 어필할 수 있도록 차별화하고 소속감을 강조한다. 가격은 저렴한 편이고 규모가 작고 의사결정도 빨라 급변하는 젊은층의 트렌드에 즉각 대응할 수 있다. 웨이보 검색 창에서 'zhangdayi'를 치면 볼 수 있다.

회이이쥬안용샤오마지아

● 회이이쥬안용샤오마지아回忆专用小马甲는 '추억 속의 작은 조끼'란 뜻으로 반려동물 콘텐츠 분야의 왕홍 스타이다. 그는 웨이보에 반려견 니우니우妞妞와 애완 고양이 두안우端午의 사진과 영상을 게시해 인기를 얻으며 2015년 중국 왕홍 스타 5위에 랭크됐다. 2016년 12월 기준 웨이보 팔로워 수는 2,752만 명이다. 웨이보 기준 광고 1회당 가격이 5만 위안(900만 원) 정도이다.

그가 2016년 9월 출간한 신간 『인생은 후회 없기를 바랍니다愿岁月可无回头』는 시나닷컴sina.com 베스트셀러에 3위를 기록했다. 그는 2013년 7월부터 반려동물의 귀엽고 재미있는 순간을 게재해 주목을 받았다. 하루 약 15개나 올려 업로드 빈도가 높은 편이다. 고양이와 로봇인형

그가 출간한 책 『인생은 후회 없기를 바랍니다』

이 함께 노는 장면, 반려견 입에 고양이 발을 넣은 등 기묘한 장면을 연출해 재미를 준다. 반려동물의 웃는 모습도 눈에 띈다. 특히 동물들에 재치 있는 코멘트를 달아 웃음을 주는 게 강점이다.

그러나 그의 얼굴이 궁금해서 찾아보면 어김없이 검은 마스크(얼굴을 가려도 대강 얼굴 윤곽이 짐작이 되긴 하지만)로 가려져 있다. 신비주의 마케팅을 펼치는 것이다. 웨이보, 웨이신 등 소셜미디어에 반려동물 관련 협찬 광고글을 게시하고 연관 상품을 판매한다. 또한 출판회를 겸한 팬들과의 미팅, 기업의 프로모션 행사 등도 펼친다. '회이이쥬 안용샤오마지아'는 MCN 회사 로우쓰樓氏 소속이다. 웨이보 검색창에 'huiyi'를 치면 된다.

微博搜索
s.weibo.com   综合　找人

回忆专用小马甲

回忆专用小马甲 V
♂ 其他 http://weibo.com/u/3217179555
微博人气博主
关注 618 ｜ 粉丝 2761万 ｜ 微博 15277
最新微博：😊//@我朋友是个奇葩 盒胖�text03.gif 😊//@大棉羊BOBO: 真.网红//@追风少年刘全有: 没...

☆ 精选

回忆专用小马甲 V
我问服务员姐姐：我是呆b的好朋友，我能白吃一顿不？服务员说：他自己来了都不好使
📍 沈阳·绿里

그는 2013년 7월부터 반려동물의 귀엽고 재미있는 순간을 게재해 주목을 받았다. 하루 평균 15개나 올려 업로드 빈도가 높은 편이다.

니우니우

두안우

▶ ▶│ ○━━━━━━━━━━━━ 5:20/9:30 ◀)) ✿ ⌜⌝

슈에리

● 슈에리雪梨는 중국 부동산 재벌 완다그룹의 상속자인 왕쓰총王思聪의 전 여자친구로 유명해졌다. 슈에리는 왕쓰총과 함께 K-팝 가수 빅뱅의 콘서트장에 나타나 한국인들에게도 잘 알려졌다. 1990년에 태어나 저장성 공상대 국제무역과를 졸업한 슈에리의 본명은 주천후이朱宸慧다. '눈雪과 같이 곱고 하얗게 피어나는 배꽃梨'이란 뜻으로 인품이 훌륭하고 인물이 수려한 사람을 의미한다.

슈에리는 유명세를 앞세워 모자, 안경, 액세서리 등을 직접 착용한 사진을 찍어 웨이보에 올린 뒤 타오바오몰과 연결시켜 판매 수익을 얻는다. 2014년 타오바오에 매장을 연 그녀는 8개월 동안 2억 위안(약 360억 원)의 매출을 올려 왕홍 스타 반열에 올랐다. 타오바오에서

雪梨Cherie V 🐾
2月16日 03:03 来自 iPhone 6s
第十三年～每年过年都在一起 🖤 在你们面前永远是那个迷迷糊糊爱迟到爱撒娇的任性 😭😭

슈에리는 유명세를 앞세워 모자, 안경, 액세서리 등을 직접 착용한 사진을 찍어 웨이보에 올린 뒤 타오바오몰과 연결시켜 판매 수익을 얻는다.

한국 원진이펙트의 마스크팩 제품 등을 소개해 1분 만에 총 17만 개를 완판시켰다.

2015년 자본금 100만 위안(1.7억 원)으로 천판雪帆 의류회사를 설립해 기업형 타오바오 상점을 운영하고 있다. 슈에리는 주로 동대문 의류시장과 비슷한 쓰찌칭이나 고급 브랜드 상품에서 디자인을 선택한 뒤 공장에서 자기 브랜드를 생산해 판매한다. 슈에리가 신제품을 홍보하는 방법은 웨이보에 자신이 직접 모델로 찍은 사진을 올린 뒤 댓글 중 다섯 명가량을 추첨해 상품을 증정하는 것이다. 덕분에 슈에리계정은 댓글이 넘쳐나 인기 포스팅에 선정됐다.

@雪梨Cherie
weibo.com/zhuhuihui28

@雪梨Ch
weibo.com/zhuhuih

그녀가 운영하는 웨이보의 내용은 자기 상점 상품을 주로 홍보한다. 가령 손에 낀 액세서리 반지 사진을 클릭하면 타오바오몰로 연결된다. 가격은 75위안(1만 4,000원)이다. 검은색 코트를 착용한 사진을 클릭하면 타오바오에서 269위안(4만 5,000원)에 팔고 있다. 다른 사람이 입은 옷도 보여준다. 이런 리포스트repost가 더 많다. 그러나 다른 사람의 상품도 슈에리의 매장에서 판매되기 때문에 수수료 수입이 돌아온다. 팔로워가 올린 글들을 살펴보자. "나도 이 스웨터 사고 싶어요. 링크 있어요?" "예쁘네요" "얼마예요?" 등 상점에서 흔히 주고받을 수 있는 말이다.

중국의 한 증권사는 슈에리가 2015년 벌어들인 순수익이 1억

그녀가 운영하는 웨이보의 내용은 자기 상점 상품을 주로 홍보한다. 가령 코트 사진을 클릭하면 타오바오몰로 연결된다.

5,000만 위안(267억 원)으로 추산했다. 슈에리는 2016년 12월 기준 왕홍스타 장다이와 같은 MCN 회사 항저우 루한 소속이다. 슈에리의 상점은 '치엔푸런더디엔錢夫人的店'이다. 웨이보에 'xueli'를 치면 들어갈 수 있다.

미스

● 미스MISS는 프로게이머 출신으로 중국 최고의 게임 왕훙 스타이다. 2016년 기준 웨이보 팔로워가 400만 명을 훌쩍 넘어섰다. 미스는 1988년 중국 쓰촨성 내장시四川省 內江市에서 태어났고 본명은 '한이잉韓懿瑩'이다. 그녀는 어린 시절 오락실 비디오게임으로 게임을 처음 접했는데 2006년 하이난대海南大에 입학한 뒤 「워3War3」라는 사이버 게임에 푹 빠졌다.

2007년 5월 베이징에 있는 중국 최초의 여자 게이머팀 '퍼스트FIRST'에 가입한 직후부터 '미스MISS'란 게임 ID를 사용했다. 그 후 3년간 수많은 게임 대회에서 수상했다. 2009년 WCG-월드 사이버게임즈 대회에서 월드 오브 워크래프트 게임 부문 광저우廣州 지역 1위, 전

2013년부터 MC보다 게임 방송 해설자로 전향해 큰 인기를 얻었다. '미스 랭킹일기'라는 게임 방송을 해설하면서부터다. 해설자로서 그녀는 유머러스하고 경쾌하면서도 전문지식을 잘 전달하는 것으로 평가된다. 2015년 11월에는 「리그 오브 레전드」의 최고 인기 해설자로 선정됐다.

국 3위에 올랐다.

2010년 대학 졸업 후 중국 'GTV^{Game TV}'사에 입사해 게임 프로그램 '전자경기월드电竞世界'와 'M7'에서 DC, 7호(중국 전자 게임 선수) 등과 함께 MC를 맡았다. 그녀는 GTV MC로서 노련하게 진행해 큰 인기를 얻었다. 미모가 출중한데다 선배들로부터 전문지식과 진행방식 노하우를 전수받아 자기만의 진행스타일을 만들어 '미스 따샤오지에大小姐, 아씨'란 별명을 얻었다.

2013년부터 MC보다 게임 방송 해설자로 전향해 큰 인기를 얻었다. '미스 랭킹일기MISS排位日记'라는 게임 방송을 해설하면서부터다. 해설자로서 그녀는 유머러스하고 경쾌하면서도 전문지식을 잘 전달하는 것으로 평가된다. 2015년 11월에는 「리그 오브 레전드」의 최고 인기 해설자로 선정됐다.

미스는 미모가 출중한데다 선배들로부터 전문지식과 진행방식 노하우를 전수받아 자기만의 진행스타일을 만들어 '미스 따샤오지에大小姐, 아씨'란 별명을 얻었다.

주 수입원은 게임 생방송 해설자로서 출연료를 꼽을 수 있다. 2015년 생방송 플랫폼 후야TV虎牙TV와 3,000만 위안(51억 원)의 계약을 체결했다. 그뿐만 아니다. 개인 타오바오 상점에서 의류, 컴퓨터 주변 용품, 간식, 안경 등을 판매해 큰 돈을 벌고 있다. 웨이보에 광고 관련 글도 게시한다. 미스의 인기 비결은 무엇일까? 팬들은 이렇게 평가한다.

"미스는 게임을 가장 잘하는 여성 BJ가 아니고 해설을 가장 잘하는 해설자도 아니다. 최고로 예쁘지도 않다. 그러나 이 세 가지 기준에서 모두 A 플러스와 S 등급이다. 쉽지 않은 일이다." "미스의 외모는 귀여운 여동생 같지만, 게임을 하는 모습을 보면 완전히 터프하다. 상반된 매력이 있다."

Multi
Channel
Network

3장

국내 MCN 스타

푸드

소프

● '파인애플 볶음밥'을 만들어본다. 예리한 칼로 파인애플을 절반으로 가른 뒤 속을 파내고 먹기 좋게 썬다. 양파, 파프리카, 햄도 썬다. 팬에 오일을 두르고 썬 재료들을 넣어 볶는다. 여기에 피시 소스, 새우, 밥, 강황을 차례대로 넣어 잘 볶아준 후 소금을 약간 친다. 이렇게 만들어진 볶음밥을 파인애플 껍데기에 담고 파슬리 가루를 뿌려서 완성한다. 크리에이터는 숟가락으로 떠서 맛있게 먹는다.

'소프'는 간단한 편의점 요리부터 베이킹까지 다양한 요리를 재미있게 소개한다. 타코 라이스, 미니 핫도그, 막창, 돼지 주물럭 등 주변에서 흔히 접할 수 있는 음식들이 주 메뉴다. 대부분의 콘텐츠는 젊은 남자가 작은 주방에서 간편식을 만들어 먹는 과정으로 이뤄진다. 그

소프는 특히 젊은 직장인이나 자취생을 위한 음식 시리즈로 인기를 얻었다.

는 가벼운 옷차림으로 유머를 섞어가며 편하게 음식을 만든다.

'라면 맛있게 끓이는 법' 편을 살펴보자. 라면이 한 개 들어갈 만한 크기의 냄비를 선택하라고 조언한다. 너무 크면 면 윗부분이 푹 젖지 않기 때문에 맛이 떨어진다. 건더기 스프를 물이 끓기 전에 넣는 것도 그만의 비법이다. 라면이 끓는 도중에는 젓가락으로 들어 올려 찬바람을 쏘여준다. 면의 꼬들꼬들함을 살릴 수 있다고 한다. 계란을 넣은 후 젓가락으로 노른자의 둘레를 훑어주면 흰자와 분리된다. 다 끓인 라면 위에 노른자만 띄워 먹을 수 있다.

'1990년대 초등학교 떡볶이 만들기' 편에서는 떡을 팬에 올려 고추장 양념 속에 충분히 불도록 끓여주는 게 포인트라고 설명한다. 대파를 넣어 단맛을 살짝 낸다. 그는 자신의 추억 속 떡볶이는 단맛이 강하지 않았다며 설탕을 한 스푼만 넣는다.

대부분의 콘텐츠는 젊은 남자가 작은 주방에서 간편식을 만들어 먹는 과정으로 이뤄진다.

소프는 특히 젊은 직장인이나 자취생을 위한 음식 시리즈로 인기를 얻었다. 간단 닭볶음탕부터 오삼불고기, 매운갈비찜, 찜닭, 두툼삼겹살 등 자취생들이 엄두를 내기 어려워하는 음식을 간단히 만들어 보인다. 특히 아크릴박스 음식에 부재료와 소스를 무작위로 넣어 어떻게든 요리를 만드는 코너가 가장 큰 인기를 얻었다. 가령 포장두부 하나만 있으면 된다. 두부를 잘게 썰어 팬에 넣고 남은 밥, 참기름, 야채, 소스 등을 넣어 함께 볶으면 '두부볶음밥'이 된다.

한 마디로 편안함과 친근감이 인기의 핵심이다. 그렇지만 희귀한 타조알로 여러 가지 음식을 만들어 먹는 콘텐츠도 커다란 반향을 불러일으켰다.

소프의 운영자는 푸드 크리에이터 박준하이다. 그는 '소프'라는 닉네임으로 쿡방 스타가 됐다. 그는 남들보다 빨리 시작해 선점효과가 컸다고 자평한다. 프로 셰프만큼 요리 경력은 없지만 대학 전공이 조리인 만큼 일반인보다는 경험이 많았다.

무엇보다 1인 방송의 핵심은 시청자가 궁금해 하는 부분을 해결해주는 것이다. 시청자와 소통을 잘해야 성공한다는 것이다. 그는 요리를 잘하는 방법과 기술을 자세하게 알려주기 위해 노력했다고 강조한다. 1인 방송은 자신이 재미있어 하는 분야를 파서 즐기면서 해야 성공한다고 주장한다. 일이 아니라 취미생활로 느낄 수 있어야 한다는 것이다. 취미생활은 꾸준한 업로드로 이어지고 꾸준한 업로드를 통해 1인 미디어 스타로 거듭날 수 있다는 것이다.

그는 영업이나 서비스 업종 등을 두루 경험했지만 틀에 박힌 직장생활이 싫어 이 일을 하게 됐다고 한다. 그는 주부처럼 매일 무엇을 요리할지 고민한다. '소프' 브랜드를 활용하는 사업을 벌이는 게 꿈이다.

소프의 운영자는 푸드 크리에이터 박준하이다. 그는 '소프'라는 닉네임으로 쿡방 스타가 됐다. 그는 남들보다 빨리 시작해 선점효과가 컸다고 자평한다.

스윗더미

● 일본 애니메이션에 등장하는 귀여운 고양이 캐릭터인 지바냥 모양을 한 케이크를 만들어보자. 버터, 설탕, 계란, 가루 류, 우유를 넣어 반죽한 뒤 케이크 틀에 부어 오븐에 익을 때까지 굽는다. 여러 과정을 거친 뒤 다양한 재료를 섞어 예쁜 지바냥 모양을 만들어 완성한다. 음식 재료로 이렇게 감쪽같이 캐릭터를 빚어낼 수 있다는 사실이 놀랍고 신기하다. 콘텐츠 길이는 14분이다.

스윗더미란 여성 크리에이터는 아무런 말도 없이 계속 음식을 만든다. 그 방법은 글로 별도로 공지한다. 버터크림이 녹는 것을 방지하기 위해 장갑과 아이스 팩으로 손을 차갑게 식혀가며 작업하라는 권고도 곁들여진다. 예쁜 모양에 매료된 시청자들은 '코난 캐릭터로 케이

스윗더미는 빵이나 과자를 굽는 베이킹 푸드 크리에이터다. 단순히 빵만 굽는 게 아니라 캐릭터를 입힌 베이킹으로 시선을 끈다. 다른 푸드 콘텐츠와 차별화한 지점이다.

크 만들어주세요.' '도라에몽 만들어주세요.'라고 요구한다. 물론 '완전 느끼하겠다.' 등의 부정적인 소감도 있다.

댓글 내용에는 주로 신기하다는 반응이 많다. 베이킹에 관심이 없던 시청자들이 영상을 보다가 베이킹을 시작했다는 이야기도 많다. 스윗더미는 꼬마버스 타요 케이크, 이웃집 토토로 쿠키, 자몽 오렌지 타르트, 카라멜 브라우니, 37리터 초대형 왕 푸딩 만들기 등 다양한 빵, 케이크, 쿠키 만드는 법을 소개한다.

스윗더미는 빵이나 과자를 굽는 베이킹 푸드 크리에이터다. 단순히 빵만 굽는 게 아니라 캐릭터를 입힌 베이킹으로 시선을 끈다. 다른 푸드 콘텐츠와 차별화한 지점이다. 그녀는 "지바냥, 꼬마버스 타요 등 대중적으로 유명한 캐릭터를 베이킹 소재로 활용하니 다들 신기해하면서 재미있게 본다"고 말했다. 스윗더미의 콘셉트는 '눈으로 먹으며 즐기자'다. 그녀는 이 콘셉트를 유지하려 고민을 많이 한다.

스윗더미는 외국의 유명 유튜버들을 보면서 자신도 할 수 있을 것 같다는 생각에 무작정 시작해 성공했다. 크리에이터 활동을 시작한

#1 다같이 과자집 만들기!

시니 · 스윗더이 · 이제이레서디

스윗더미는 외국의 유명 유튜버들을 보면서 자신도 할 수 있을 것 같다는 생각에 무작정 시작해 성공했다. 크리에이터 활동을 시작한 후 주변 반응에 자신이 오히려 놀랐다고 말한다. 자신을 백수라고 보는 눈길이 뜻밖에 많았다고.

후 주변 반응에 자신이 오히려 놀랐다고 말한다. 자신을 백수라고 보는 눈길이 뜻밖에 많았다고. 유튜브를 통해 직업을 갖고 돈을 벌 수도 있다는 걸 몰랐던 것이다.

1인 창작자로서 악의적인 댓글을 볼 때 가장 힘들다고 했다. 열심히 촬영하고 편집해서 올렸지만, 무조건 비난하는 댓글들을 볼 때마다 허무해지고 그만두고 싶을 때가 많다는 것이다. 또래 친구들은 회사를 다니는데 자신은 혼자 집에서 하고 싶은 일 다 하면서 돈을 버는 것은 좋다고 했다. 눈치 볼 상사도 없어 편하다. 다만 모든 것을 혼자 관리해야 하는 점이 고되고 힘들다고 밝혔다.

밴쯔

● 밴쯔는 맛있게 잘 먹는 것으로 인기를 얻은 먹방 BJ다. 햄버거 10개를 5분 만에 먹는가 하면 라면 다섯 개를 한 번에 '흡입'하기도 한다. 한식, 양식, 중식을 가리지 않고 끊임없이 먹어치운다. 그가 먹는 음식들은 대부분 널리 알려진 브랜드다. 먹을 때 자신만의 방식을 첨가한다.

'매운 음식 3대 천왕' 편을 보자. '굽네치킨의 볼케이노 순살 치킨' '엽기 떡볶이' '팔도의 틈새라면' 등 세 가지 브랜드 음식을 푸짐하게 준비한다. 분량은 다섯 명 이상이 먹을 수 있을 정도. 밴쯔는 먼저 위장 보호를 위해 달걀을 먹는다. 각 음식을 먹으면서 맛을 평가한다. 쌈무로 매운 양념 치킨을 싸서 먹어본다. 모든 치킨 식당들이 쌈무를 내

높으면 좋겠다고 말한다. '밴쯔 쌈무'란 이름을 붙이면 더 좋겠다고.

이번에는 달걀을 풀어 매운 라면을 찍어 먹어본다. 일본에서 비슷한 방식으로 먹어본 경험이 있다면서. 밴쯔는 곧 "이건 실패"라고 말한다. 이때 시청자가 "노른자만 먹어야 한다"고 댓글을 올린다. 밴쯔는 떡볶이에다 다진 마늘을 섞어 먹어본다. 마늘과 매운 맛이 의외로 잘 어울린다면서 시청자들에게도 해보라고 추천한다.

롯데리아 햄버거 편을 보자. AZ버거(아재버거) 오리지널, AZ버거 베이컨, AZ버거 더블 등 9가지 음식을 직접 먹으면서 맛을 소개한다. 버거 안에 있는 올리브를 꺼내 보여주기도 한다. 대부분의 버거들은 먹을 만한데 가격이 비싸다고 투덜댄다. 햄버거에 케첩을 뿌려 먹는다. 치즈 스틱에도 케첩을 발라 먹는다.

이 음식들을 먹는 도중에 '짱구는 못 말려 케이크'도 떠먹는다. 햄버거에 감자칩을 넣어 먹는 것은 "별로"라고 얘기한다. 밴쯔는 시청자들에

밴쯔는 대학 편입을 위해 학원 대신 인터넷 방송에서 말하는 연습을 하면서 시작했다. 인터넷 방송을 하다 보니 콘텐츠를 더 발전시키고 싶어져 빠져들게 됐다.

밴쯔는 여러 가지 음식을 먹거나 한 가지 음식이라도 다양한 방법으로 먹는 게 특징이다. 시청자들을 마치 옆집 형, 동생, 친구처럼 보고 자신의 일상에 대한 이야기를 곁들인다.

게 오리지널(버거)을 먼저 먹어본 뒤 베이컨을 먹는 게 좋겠다고 권한다. 오늘 구입한 음식은 모두 합해 7만 7,000원어치라고 한다.

　밴쯔는 이처럼 여러 가지 음식을 먹거나 한 가지 음식이라도 다양한 방법으로 먹는 게 특징이다. 방송 도중 시청자들을 마치 옆집 형, 동생, 친구처럼 보고 BJ 자신의 일상에 대한 이야기를 곁들인다. 콘텐츠는 한 시간 안팎의 길이이다. 특히 시간을 재면서 빨리 먹는 내기를 하는 내용에 시청자들의 관심이 컸다. 그가 생각하는 인기 비결은 무엇일까.

　"자극적이지 않고 특별한 것도 없어요. 하지만 매일 봐도 질리지 않는, 편한 영상이 비결 아닐까요. 앞으로도 오래 봐도 질리지 않는 크리에이터가 되고 싶습니다."

　그는 대학 편입을 위해 학원 대신 인터넷 방송에서 말하는 연습을 하면서 시작했다. 인터넷 방송을 하다 보니 콘텐츠를 더 발전시키고 싶어져 이 일에 빠져들게 됐다고 한다.

　음식을 많이 먹는데도 균형 잡힌 몸매를 유지하는 것도 또 다른 인기 비결이다. 177센티미터의 키에 70킬로그램 내외의 몸무게를 유지한다. 한때 먹고 토하는 게 아니냐는 의혹이 있었는데 그렇지 않다고 한다. 그는 방송 외 식사 때 닭 가슴살을 먹는다. 하루 총 6~10시간이나 운동한다. 유산소 운동은 서너 너댓시간씩 두 번 하고 웨이트 트레이닝은 한두 시간씩 한다.

뷰티

/씬님

5:20/9:30

씬님

● 중성적 매력의 진행자가 스크린에 등장한 뒤 내레이션을 시작한다.

"무리수이긴 하지만, 오늘은 설리의 스와로브스키 화보 속 음영 메이크업을 해볼게요. 메이크업이 예쁜 건지, 설리가 예쁜 건지. 분위기가 고급스럽고 시크한 메이크업이에요. 요즘 대세인 컬러 코렉터(색조 화장품의 일종)예요. 핑크와 그린 두 가지 색상이 있는데요. 보색 대비를 통해 피부의 색상을 커버해주는 역할을 해요.

핑크(색)는 눈 밑 다크서클, 입 주변 꼬질꼬질한 부분, 광대 아래 그늘에 죽죽 그어줄게요. 그린은 코 밑 붉은 부분, 코 옆 붉은 부분, 미간 콧대에 난 붉은 뾰루지 부분에 그어줄게요. (…중략…) 이번에는 눈썹.

씬님은 평범할 수 있는 메이크업 과정에 재미 요소를 추가해 차별화에 성공했다고 설명한다. 매번 다른 주제와 콘셉트를 기획하고 자신만의 스토리를 입혀 재미있게 해설한다.

설리의 눈썹은 폭이 짧은데, 저는 좀 길게 늘려 해볼게요. 정갈한 느낌이 드는 게 포인트예요. (…하략…)"

씬님이 내놓은 11분 14초짜리 '음영 설리 메이크업' 편 내용이다.

씬님은 이색 메이크업 등을 다루는 뷰티 엔터테인먼트 채널이다. 가장 인기를 끈 콘텐츠는 '애니메이션 「겨울왕국」 엘사 메이크업' '네 나이 땐 화장을 안 해도 예쁜, 고딩을 위한 메이크업' 등이다. 빅뱅 지드래곤, 소녀시대 태연 등 K-팝 스타를 닮기 위한 변신 메이크업 콘텐츠들도 인기다.

씬님은 운영자인 메이크업아티스트 박수혜의 별명이다. 메이크업 관련 블로그를 운영하던 박 씨는 우연히 뷰티 방송 프로그램 「겟잇뷰티」에 출연한 후 CJ E&M의 모 PD의 권유로 셀프 영상 제작을 시작했다.

(Ssin's fall and winter makeup, black rose makeup)

씬님은 앞으로 구독자들이 남긴 피드백을 적극 반영해 실용적인 메이크업 방법이나 제품 리뷰 등을 더 소개할 계획이다. 해외 시청자를 타깃으로 한 콘텐츠도 구상한다. 국내뿐 아니라 전 세계인이 즐겨보는 콘텐츠를 제작하는 크리에이터가 되는 게 목표다.

　박 씨가 보는 씬님의 인기 비결은 무엇일까. 평범할 수 있는 메이크업 과정에 재미 요소를 추가해 차별화에 성공했다고 설명한다. 매번 다른 주제와 콘셉트를 기획하고 자신만의 스토리를 입혀 재미있게 해설한다. 씬님은 스스로 아름다움과는 조금 거리가 있다고 말한다. 특이한 것을 더 좋아한다. 경복궁에서 황진이 메이크업을 주제로 촬영한 것이 대표적이다. '남동생 여장시키기' '화폐 메이크업' 등은 메이크업에 관심이 없는 사람들도 즐길 수 있을 정도로 눈요깃거리를 제공한다.

　'이상' '현실' '씬님' 편에서는 씬님의 세 가지 모습을 유머러스하게 비교한다. '이상' 편에서는 아침에 운동을 하고 여유롭게 메이크업을 한 뒤 큰 회사에 출근해 브리핑한다. '현실' 편에서는 화장실 들르기도 바쁘게 메이크업을 대충 하고 졸면서 출근한다.

'씬님' 편에서는 아예 출근 대신 온갖 자료들로 둘러싸인 좁은 방에서 메이크업 방송을 시작하는 것으로 일과를 시작한다. 씬님은 편마다 다른 모습과 분위기로 출연해 웃음 짓게 만든다. 씬님은 콘텐츠 제작 노하우가 풍부해 채널 운영이 힘들지는 않다고 말한다. 하지만 휴식이 없다는 게 힘겹다. 여행을 가더라도 카메라만 꺼내면 일이 되기 때문에 쉴 틈이 없다. 활동이 자유로운 만큼 어디에서 뭘 하든 항상 콘텐츠 기획과 제작을 구상한다.

앞으로의 행보는 씬님에게 주어진 영원한 과제다. 크리에이터로서 10년, 20년간 더 활동하려면 현재 상태에서 어떤 것을 더 발전시키고 개척해야 할지 늘 고민해야 하기 때문이다. 씬님은 앞으로 구독자들이 남긴 피드백을 적극 반영해 실용적인 메이크업 방법이나 제품 리뷰 등을 더 소개할 계획이다. 해외 시청자를 타깃으로 한 콘텐츠도 구상한다. 국내뿐 아니라 전 세계인이 즐겨보는 콘텐츠를 제작하는 크리에이터가 되는 게 목표다.

콘텐츠 양도 더 다양하게 늘리고 싶어한다. 일본어나 러시아어로 달리는 댓글을 보면서 좀 더 다양한 언어로 자막을 제공하고 싶어졌다고 한다. 영어 자막은 꾸준히 달고 있다. 영어권 팬들이 잘보고 있다는 댓글을 남길 때마다 뿌듯하고 기분이 좋다고 말한다.

회사원A

● 여성 진행자가 머릿결이 좋아지는 샴푸 법을 소개한다. 구독자들로부터 많은 요청을 받았기 때문이다. 진행자는 샴푸, 린스, 트리트먼트 등의 브랜드는 상관없다고 말한다. 중요한 것은 린스나 트리트먼트를 어떻게 사용하느냐다.

우선 린스를 떠내 손바닥으로 비벼준다. 그 손으로 머리카락을 윗부분부터 한 가닥씩 잡아 조몰락조몰락 만져준다. 걸리는 게 없으면 다른 가닥을 잡아 조몰락거리며 비벼준다. 머리카락이 가지런해진다. 반면 머리카락에 통째로 린스를 바른 곳은 헝클어진 그대로다. 진행자는 머리를 헹군 뒤에도 양자의 모양새가 그대로 유지된다고 말한다.

회사원A는 메이크업, 헤어, 네일 관리법을 보여주는 종합 뷰티 채널

회사원 A의 운영자는 평범한 직장 여성이었다. 어느 날 집과 회사를 오가는 생활이 무료해졌다. 집에서 할 수 있는 취미 생활이 없을까 생각하다가 뷰티 블로그를 시작하게 됐다.

이다. 구체적인 항목으로는 '손상모 복구하는 머리 말리기' '절대로 화장이 뜨지 않는 스킨케어' '식염수팩: 피부 좋아지는 법' '백설공주 코스프레 메이크업' 등 단기간에 효과를 볼 수 있는 뷰티 비법들이 많다.

또한 내 돈을 주고 사기가 망설여졌던 각종 화장품에 대한 리뷰도 소개한다. 회사원 A의 운영자는 평범한 직장 여성이었다. 어느 날 집과 회사를 오가는 생활이 무료해졌다. 집에서 할 수 있는 취미 생활이 없을까 생각하다가 뷰티 블로그를 시작하게 됐다. 이후 외국 뷰티 유튜버들을 보면서 영감을 얻어 직접 영상을 만들게 됐다.

가장 있기 있던 콘텐츠는 화장품 리뷰 'MUJI 화장품으로 풀메이크

운영자는 "다양한 뷰티 정보를 나만의 톡톡 튀는 엉뚱한 매력으로 소개하는 것"이라고 답했다. 일상에서 많은 여성들이 필요한 뷰티 정보를 이해하기 쉽게 전달하는 것이다.

업 해봤다' 편이다. 전문 제조사가 아닌 기업이 만든 화장품은 써보기가 망설여지게 마련인데 운영자가 여러 제품을 구입해 사용 후기를 영상으로 올려 화제가 됐다.

운영자는 저렴한 가격의 브로슈어, 파우더, 파운데이션, 아이라이너, 아이섀도 등 각종 화장용품을 직접 자신의 얼굴에 사용하면서 색상, 용기, 제품 등의 품질과 가성비를 확인해본다. 불량 제품은 바로 곁의 쓰레기통으로 들어간다. 민낯의 운영자 얼굴은 점점 화장으로 짙어지며 완성된다.

결과적으로 쓰레기통에 들어갈 정도로 불량 제품은 없다. 운영자는 '베스트 3'를 꼽아본다. '아이섀도우' '치크' '립스틱' 등이 3위부터 1위다.

회사원A는 2016년 5월 화장품 업체 에이블씨엔씨의 미샤와 협업해 '회사원 A 스페셜 에디션'을 출시했다.

이 채널의 인기 비결은 무엇일까. 운영자는 "다양한 뷰티 정보를 나만의 톡톡 튀는 엉뚱한 매력으로 소개하는 것"이라고 답했다. 일상에서 많은 여성들이 필요한 뷰티 정보를 이해하기 쉽게 전달하는 것이다. 회사원A는 2016년 5월 화장품 업체 에이블씨엔씨의 미샤와 협업해 '회사원 A 스페셜 에디션'을 출시했다.

운영자는 3개 채널을 운영하느라 바쁘다. '회사원 A' 외 일상 채널인 '회사원 B', 일본 팬들을 위한 뷰티 채널 '회사원 J' 등이 그것. 회사원 B는 아시아나 항공기 퍼스트클래스 탑승 체험기, 향수 소개하기, 한국 신상화장품을 처음 써본 일본인의 반응 등 일상적인 이야기를 담은 콘텐츠다. 회사원 J는 운영자의 능숙한 일본어 실력을 바탕으로 만든 뷰티 채널이다.

운영자가 가장 힘겨운 순간은 3개 채널 영상을 제작할 시간이 부족할 때다. 촬영 후 편집할 때 영상에 공백이 생길 때도 마찬가지다. 매주 영상이 올라오기를 기다리는 팬들을 위해 단 30분이라도 편집할 시간을 벌어야 한다고 강조했다. 회사원A의 본명은 최서희이다.

Now the last item in the pouch!!

5:20/9:30

써니

● 써니는 연예인 따라하기 메이크업 전문채널이라고 할 수 있다. 주요 콘텐츠들이 대부분 스타들의 메이크업 따라하기다. 걸그룹 미스에이 멤버 겸 배우 수지 메이크업만 해도 여러 개가 있다. 그중 방송 프로그램 '겟잇뷰티'에서 소개했던 '수지' 편을 살펴보자.

"모든 여성들의 워너비 수지 메이크업이에요. 뚜렷한 눈매, 처진 눈썹, 오뚝한 코, 도톰한 입술의 국민 첫사랑 수지를 따라 해볼까요. 먼저 기초 단계부터 시작하죠. 입술에 보습을 주기 위해 잉크 젤스틱 #PK00 발색을 발라주겠습니다. 발색은 연하고 투명한 핑크색이에요. 귀찮을 때 맨얼굴에 바르기 좋은 색이죠. 수지처럼 피부 속부터 화사해지려면 기초부터 단단히 해야겠죠. 속광 메이크업의 첫 단계는 이

써니는 2017년 현재 뉴욕에 사는 여대생이다. 본명은 박선영. 그녀는 메이크업뿐 아니라 뷰티 제품 리뷰와 뉴욕의 일상도 소개한다.

세럼이죠. 안티에이징과 각질제거 효과도 있어요."

수지가 출연한 방송 장면도 간간이 등장한다. 본격 화장에 들어가서는 코가 오똑한 수지를 닮기 위해 코 주변에 음영을 넣어보고 하이라이트도 해본다. 인기가 폭발했던 또 다른 콘텐츠는 「응답하라 1988」로 뜬 걸스데이 혜리 메이크업이다. 이 프로그램은 영어로 진행하고 한글 자막을 넣었다.

써니는 라네즈 비비쿠션을 바르면서 시작한다. 이 화장품은 너무 하얘서 자신의 피부 톤과는 맞지 않지만 K-팝 스타 따라하기니까 해본다고. 혜리처럼 얼굴이 작지 않은 그 자신은 쉐이딩이 필수라고 했다. 혜리의 일자 눈썹을 따라 그릴 때는 이렇게 말한다. "혜리 언니는 옛날에 산이 있는 눈썹이었는데 일자로 바꾸고 나서 더 예뻐졌다"고.

써니는 2009년 미국의 뷰티 유튜버 미셸판 영상을 처음 본 뒤 뷰티 영상에 관심을 갖기 시작했다. 당시 너무 어려서 시작을 못했지만 시간이 지나고 한국에도 유튜버들이 많이 생기면서 용기를 얻었다고 한다.

써니는 2017년 현재 뉴욕에 사는 여대생이다. 본명은 박선영. 그녀는 메이크업뿐 아니라 뷰티 제품 리뷰와 뉴욕의 일상도 소개한다. 뉴욕의 일상 편은 써니가 거리를 걸으면서 식당에 들어가 보는 등 그야말로 생활의 한 조각을 보여준다.

써니는 2009년 미국의 뷰티 유튜버 미셸 판 영상을 처음 본 뒤 뷰티 영상에 관심을 갖기 시작했다. 당시 너무 어려서 시작을 못했지만 시간이 지나고 한국에도 유튜버들이 많이 생기면서 용기를 얻었다고 한다. 한참 예뻐지고 싶을 나이인 18세에 메이크업 영상 제작을 시작했다.

그동안 가장 인기를 끈 콘텐츠는 걸그룹 걸스데이 혜리 메이크업과 EXID 하니 메이크업이다. 써니는 "연예인 따라잡기 메이크업을 많이

Today's makeup tutorial is inspired by AOA's Seolhyun

써니는 5세 때 미국으로 이민을 가서 초등학교 때부터 유튜브 접했다고 한다. 그녀는 메이크업 방법을 다른 유튜브에서 보고 독학해서 활동하고 있다.

하다 보니 해당 연예인의 팬들이나 연예인의 메이크업에 관심이 있는 분들이 구독을 많이 하는 것 같다"고 말했다.

크리에이터로 활동한 뒤 가장 힘든 점은 학업과 영상제작을 병행하는 것이다. 낮에는 대학 수업을 듣고 밤에 주로 편집을 한다. 새벽까지 일하다 보니 시간이 금방 가서 문득 창밖을 보면 아침일 때가 많다고.

편집 결과물이 엉성할 때도 힘겹다고 고백했다. 촬영을 혼자 하니까 마음에 들지 않을 때가 많다는 것이다. 하지만 그는 그것 또한 1인 미디어의 매력이라고 생각한다. 무엇보다 팬들이 응원 댓글을 달아줄 때 힘이 나고 기분이 좋다고 한다.

새벽

● '봄 새싹 메이크업' 편을 클릭해본다. 운영자 새벽은 먼저 촉촉한
토너페이스를 발라준다. 촉촉하면서도 혈색을 자연스럽게 보여줘서
좋다고 한다. 더샘(화장품 브랜드)이 새로 내놓은 파운데이션을 바른
다. 다크닝 현상도 거의 없다고 칭찬한다. 브러시는 이니스프리 제품
이다. 눈두덩에 컬러를 얹어주고 눈꼬리 부분에는 살짝 잎사귀 떨어
지듯이 색감을 얹어준다. (…중략…) 화장을 마친 뒤에는 "완성되니까
싱그러운 분위기가 나죠?"라고 말한다. 이어 새벽은 '당장 따라할 수
있는 리얼 웨이'를 강조한 만큼 강남으로 외출한다. 디저트 카페와 화
장품 가게 등을 둘러본다.

이번에는 '걸크러쉬 메이크업'을 살펴본다. 걸크러쉬란 여성들이

새벽은 누구나 해볼 수 있는 실용적인 뷰티 비법을 소개한다. 화려한 메이크업보다는 일반인이 당장 따라할 수 있는 화장법을 알려준다.

흠모하는, 매력적인 여성이란 의미. 새벽은 일본에서 사온 회색 컬러 렌즈를 먼저 착용한다. 화장법에 들어가선 입술을 더 두껍게 칠해본다. 원래 입술이 도톰한 편이라 이런 적은 처음이라고. 콧날 주변에는 음영을 넣는다. 결과적으로 약간 센 캐릭터의 여자로 보인다. 예쁜 척만 하다가 멋있는 척을 해보려니 어색하다고 얘기한다. 이밖에 '장마에 대비하는 메이크업' '보석이 콕콕 박힌 것 같은 헤어스타일' '널 위한 로맨틱스모키 메이크업' 등이 시선을 끈다.

본명이 이정주인 새벽은 시원한 눈매가 돋보이는 여성 크리에이터다. 그녀는 누구나 해볼 수 있는 실용적인 뷰티 비법을 소개한다. 화려한 메이크업보다는 일반인이 당장 따라할 수 있는 화장법을 알려준다. 콘텐츠 길이는 5분 안팎으로 화장술 콘텐츠치고는 짧은 게 많다.

새벽의 인기 비결로 빠른 피드백, 진솔함, 성실함 등이 꼽힌다.

그녀는 "처음에는 단순히 영상 제작이 재미있어서 시작하게 됐다"며 "점점 매력을 느껴 지금은 직업이 됐다"고 말한다. 인기를 많이 끈 콘텐츠는 동화 속 백설공주를 모티프로 한 '사과 같은 백설공주 메이크업'. 영상을 제작한 지 얼마 되지 않아 어설프게 만들었지만 백설공주 2탄, 3탄을 올려달라는 요청이 매우 많았다고 회고한다.

새벽의 인기 비결은 무엇일까? 빠른 피드백, 진솔함, 성실함을 스스로 꼽았다. 그녀는 구독자의 댓글이나 의견에 최대한 빠르게 응답한다. 정직한 내용의 콘텐츠를 꾸준히 올리는 것이 비결이다. 그녀는 "영상을 매일 올리다 보니 가르치는 내용이 많은데 전달방법을 조금 더 다양화하고 싶다"고 말했다. 뷰티 말고도 소재 범위를 확장해 먹방, 자취생활 등 다양한 라이프스타일 콘텐츠를 공유하고 싶다는 것이다. 그녀의 소망이 어떻게 실현돼갈지 궁금해진다.

메이드 인 미아

● 예쁘게 화장을 하고 빨간 망토를 두른 한 여성이 나무가 우거진 숲길을 걷는다. 그녀가 갑자기 무엇인가에 쫓기듯 내달리기 시작한다. 음산한 피아노 연주 배경음 사이로 갑자기 몇 차례 굉음이 들린다. 영상은 바닥에 떨어진 빨간 망토를 비춘다. 장면이 전환되고 빨간 망토를 두른 여성의 뒷모습이 화면에 다시 나타난다. 그가 몸을 돌리자 무섭게 일그러진 얼굴이 드러난다.

마치 단편영화 같은 영상이지만 실제는 메이크업 팁 영상의 도입부다. 초반은 '청순 메이크업'을 소개하고 후반부는 영상에 이어질 '할로윈 메이크업'을 시연한다.

1인 크리에이터 미아는 메이크업 영상을 올리는 '메이드 인 미아'

미아는 "다른 크리에이터들과 차별성을 두기 위해 도입부에 늘 신경을 쓴다"며 "단순한 메이크업 전후 모습뿐 아니라 재미있는 이야기를 넣은 영상을 활용한다"고 설명했다.

채널을 운영한다. 메이크업 팁 영상을 마치 한 편의 예능 프로그램처럼 만든다. 미아는 "다른 크리에이터들과 차별성을 두기 위해 도입부에 늘 신경을 쓴다"며 "단순한 메이크업 전후 모습뿐 아니라 재미있는 이야기를 넣은 영상을 활용한다"고 설명했다.

그녀는 원래 화장품을 다루는 뷰티 블로거였다. 우연히 한 인터넷 카페에서 뷰티 크리에이터 참가자 모집 글을 보고 응모한 것이 1인 방송에 입문한 계기였다. 대학교 때는 연극을 했고 한 소셜커머스 업체의 모델 경험이 있다는 점이 새로운 영상을 구상하는 데 도움이 됐다.

미아의 인기 콘텐츠는 '왔다 지름신'. 시중에 새로 나온 제품이나 자신이 최근 구입한 제품을 소개한다. 조회 수로는 '할로윈 메이크업'이 기록을 냈다. 그녀는 "스토리가 있거나 리액션이 화려한 콘텐츠가 인기"라고 분석했다.

미아의 인기 콘텐츠는 '왔다 지름신'. 시중에 새로 나온 제품이나 자신이 최근 구입한 제품을 소개한다.

그녀는 다양한 방법으로 화장법을 설명한다. 야구장에서 놀 때도 쉽게 지워지지 않고 장소에 맞게 너무 진하지 않은 '야구장 메이크업'을 얘기할 때는 실제 야구장에 가서 경기를 관람하는 상황을 엮었다.

크리에이터 일이 힘들 때도 있다. 열심히 만든 콘텐츠가 생각보다 많은 사람에게 어필되지 않을 때 아쉽다. 외모를 비하하는 등 자신이 개선할 수 없는 영역에 대해 의미 없는 비난이 나올 때도 속상하다고 털어놨다.

앞으로는 다양한 분야의 크리에이터로 거듭나는 것이 목표다. 미아는 "뷰티 크리에이터로 시작했지만 화장 이외에도 다양한 콘텐츠를 끊임없이 만들어가고 싶다"고 말했다. 그녀는 "가까운 미래에는 뷰티 제품이나 브랜드를 만들고 싶고 장기적으로는 배우로서 영화나 드라마같이 조금 더 호흡이 긴 스토리 영상을 만드는 것이 꿈"이라고 말했다.

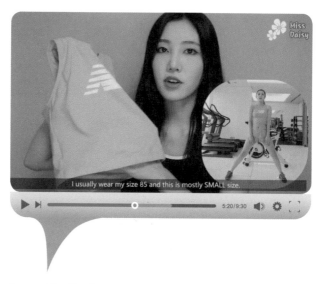

I usually wear my size 85 and this is mostly SMALL size.

5:20/9:30

미스데이지

● '미스데이지'는 얼굴과 몸매를 매력적으로 바꾸는 방법을 알려주는 피트니스 및 뷰티 채널이다. 미스데이지의 본명은 김수진이다. 한국에서 여고를 졸업하고 미국 리스디 디자인스쿨을 다녔다. 김수진은 유학 생활 동안 건강이 나빠져 피트니스와 다이어트를 직접 체험했다. 그 경험을 바탕으로 이 채널을 마련하게 됐다.

'허벅지 안쪽 살 태우기 운동' 편을 클릭해본다. 데이지는 다리를 어깨너비보다 약간 넓게 벌리고 서서 왼쪽, 오른쪽으로 번갈아가며 기마자세로 이동할 것을 주문한다. 이 동작을 20~30번씩 세 번 이상 하라고 말한다. 이 동작은 쉽게 보이겠지만 지옥을 맛본다고. 이 운동을 하고 나면 처음 며칠간은 다리가 아프지만 일주일만 지나면 단련돼

but that's a temporary thing that won't happen after trying more than a week.

김수진은 유학 생활 동안 건강이 나빠져 피트니스와 다이어트를 직접 체험했다. 그 경험을 바탕으로 이 채널을 마련하게 됐다.

아프지 않다고 덧붙였다.

김수진은 이 채널을 찾는 시청자들이 전문지식보다 경험담을 즐긴다고 말한다. 그는 전문가 입장보다는 친구나 옆집 언니처럼 편안하게 다가서려고 노력한다. 전문성은 필요하지만 강조하지는 않는다. 그 점이 연예인이나 트레이너와 차별화된다.

그녀는 트레이너가 지켜보는 가운데 피트니스 영상을 촬영한다. 자세가 흐트러지면 피트니스에 전혀 도움이 되지 않기 때문이다. 그러나 트레이너는 화면에 등장하지 않는다.

무엇보다 그녀는 시청자와 함께 운동하는 것을 목표로 한다. 가령 팔굽혀 펴기를 스무 번 해야 한다면 자신이 직접 그 횟수만큼 한다. 시청자는 따라하면 된다. 그녀는 "힘들죠? 저도 힘들어요. 조금만 더

If you want to try more intense workout, you can jump when you stand up.

하면 끝나니까 힘내세요."라고 말한다. 그 덕분에 시청자들도 횟수를
채운다.

다이어트 법에 대해서도 알려준다. 대부분의 경우 다이어트를 해서
살을 뺀다고 해도 요요현상으로 실패하게 마련이다. 우리 몸은 다이
어트를 하는 동안 '죽음'을 경험하기 때문에 저칼로리 소비형으로 바
뀐다. 그는 음식을 깐깐하게 선택해서 서서히 다이어트를 해야 요요
현상이 적다고 말한다. 그녀는 일상에서 다이어트를 하는 방법을 소
개한다.

일단 세 끼는 다 먹는 게 좋다. 식단을 다이어트에 맞춰 인위적으로
짜는 것은 권장하지 않는다. 한 가지 음식만 먹는 것도 사양한다. 이
런 방법들은 일상생활로 돌아오면 적용하기 힘들기 때문이다. 대신
방향성을 제시한다. 탄수화물은 적게 먹고 단백질과 물은 많이 먹는
다. 식사량은 줄인다. 식사량은 처음의 절반으로 줄인다. 이후 3분의

1 분량으로 먹다가 다시 처음의 2분의 1로 줄이라고 권한다. 또한 아침 식사를 가장 많이 먹고 점심을 그다음으로 먹고 저녁 식사를 가장 적게 먹으라고 주문한다.

그녀는 지금도 콜라와 라면을 포기하지 못한다. 다만 분량을 조절한다. 콜라를 조금만 마신다. 라면은 절반만 넣고 파와 계란 등을 듬뿍 넣어 끓인다. 국물은 절대 먹지 않는다.

그녀는 요요현상을 없애려면 운동과 식습관을 함께 가져가야 한다고 말한다. 몇 개월 내 얼마만큼 체중을 빼겠다고 하면 요요현상이 올 수밖에 없다는 것이다. 자신의 라이프스타일 자체를 바꿔나가야 요요현상을 막을 수 있다고 강조한다. 주 시청자는 20대 여성들이지만 10대 여학생들도 많다. 심지어 외모에 관심 많은 초등학생들도 본다.

이 코너의 또 다른 콘텐츠는 화장이다. 그는 화장하는 방법보다는

이 코너의 또 다른 콘텐츠는 화장이다. 그는 화장하는 방법보다는 어떤 화장품들이 시판되고 있는지 소개한다. 소비자가 굳이 써보지 않아도 대리 체험할 수 있도록 하는 게 목표다.

어떤 화장품들이 시판되고 있는지 소개한다. 소비자가 굳이 써보지 않아도 대리 체험할 수 있도록 하는 게 목표다. 정보성 영상을 많이 제공한다. 예능성도 가미해 시청자들을 즐겁게 해준다.

댓글에는 어떤 화장품을 리뷰해 달라는 내용이 많다. 그녀가 한국어로 얘기하면 하단에 영어 자막이 뜬다. 때로는 영어로 제작한다. 외국에서 구하기 어려운 한국 화장품을 영어로 소개하기도 한다.

그녀는 화장품을 소개하기 위해 처음에는 매달 6~7개 잡지를 구독하면서 정보를 습득했다. 이 코너가 유명세를 타면서 이제는 화장품 업체들이 연락해온다.

키즈

캐리와 장난감 친구들

● 새로 출시된 장난감을 갖고 노는 모습을 담은 '토이 언박싱' 콘텐츠는 이제 산업으로 발전해 새로운 창업 스토리를 써내려가고 있다. 캐리소프트가 2014년 개설한 '캐리와 장난감 친구들'은 창업 1년 만에 키즈 콘텐츠의 대명사가 됐다. 초등학생 사이에 '캐통령'(캐리+대통령)으로 불리고 있다.

젊은 한국여성 캐리가 시중에서 파는 장난감들의 포장을 뜯고 설명서대로 조립한 뒤 재미있게 갖고 노는 게 핵심 내용이다. 캐리는 애니메이션 「겨울왕국」 피규어를 다양한 크기로 준비해 성에 갇힌 동안 몸이 커져버린 엘사와 이를 보고 당황하는 안나의 이야기로 원작을 재구성해 들려준다.

캐리소프트가 2014년 개설한 '캐리와 장난감 친구들'은 창업 1년 만에 키즈 콘텐츠의 대명사가 됐다. 초등학생 사이에 '캐통령'(캐리+대통령)으로 불리고 있다.

또한 모래 놀이, 솜사탕 만들기, 비눗방울 만들기 놀이 등도 펼친다. 장난감을 떨어뜨리거나 실수하는 모습도 그대로 보여준다. 이럴 때마다 아이들의 댓글이 수십 개씩 달린다.

'장난감 아이스크림 만들기 놀이' 편을 살펴보자. 빨강, 노랑, 녹색 등 다채로운 색깔의 반죽을 만들어 장난감 소프트 아이스크림 제조기에 넣자 예쁜 아이스크림이 나온다. 또 다른 반죽을 플라스틱 틀에다 집어넣어 하트와 아기 모양의 형상을 빚어 그 위에 얹는다. 장난감 아이스크림은 시청자들의 군침을 돌게 할 만큼 먹음직스럽다.

캐리가 목소리를 대역하는 여자아이 인형과 돼지 인형이 노는 모습도 재미있다. 비가 오는 날 여자아이 인형과 돼지 인형은 흙탕물을 튀기면서 논다. 옷이 더러워지자 엄마는 역정을 낸다. 하지만 감기에 걸리면 안 되니까 둘의 옷을 벗겨 장난감 세탁기에 넣는다. 옷이 너무

캐리는 초창기 동대문 완구거리를 뒤져 장난감을 골랐다. 잘 웃고 긍정적이며 서툴더라도 아이 같은 마음이 중요하다고 강조한다. 논리에 맞지 않더라도 단순하게 공감하고 반응해 주면 아이들은 기뻐한다.

많아 세탁기가 작동하지 않자 일부 옷을 빼낸 뒤에 세탁을 한다. 인형을 갖고 하는 소꿉놀이에 다양한 스토리를 곁들여 보여주는 식이다.

캐리의 본명은 강혜진이다. 제작사 캐리소프트 권원숙 대표가 캐스팅했다. 어린이를 좋아하는 강혜진의 성격을 눈여겨봤다. 그녀는 대학에서 방송연예과를 나왔으나 연예인을 지망하지는 않았다.

기업 출장 여행 사업을 하던 권 대표는 정보를 찾기 위해 유튜브를 자주 검색하면서 모바일 콘텐츠 사업에 관심을 갖게 됐다. 스마트폰과 태블릿을 사용하는 연령이 낮아지는 점에 주목해 키즈 콘텐츠를 선택했다. 불황에도 자녀에 대해서만큼은 지갑을 열 것으로 판단했다.

캐리는 초창기 동대문 완구거리를 뒤져 장난감을 골랐다. 잘 웃고 긍정적이며 서툴더라도 아이 같은 마음이 중요하다고 강조한다. 논리

캐리는 매일 한 편씩 제작한다. 영상은 서울 구로디지털단지 내 작은 스튜디오에서 촬영한다.

에 맞지 않더라도 단순하게 공감하고 반응해주면 아이들은 기뻐한다.

캐리는 처음에는 돈을 주고 장난감을 구매해 영상을 찍었다. 후원을 받아 만드는 영상은 느낌이 다르기 때문이다. 지금은 일부 장난감을 후원받기도 하지만 가급적 자체 구매해 영상을 찍으려고 한다. 권 대표는 당장 돈이 되는 광고성 영상에 눈을 돌리기보다는 시청자인 아이들이 공감하는 영상을 만든 게 핵심 성공 비결이라고 밝혔다.

캐리는 매일 한 편씩 제작한다. 영상은 서울 구로디지털단지 내 작은 스튜디오에서 촬영한다. 이때 캐리는 목욕의자에 앉는다. 장난감과 캐리 얼굴을 같은 높이에서 볼 수 있도록 일부러 키 낮은 의자를 택했다. 4~6인치의 스마트폰 혹은 10인치 태블릿 PC의 액정 안에 가득 담긴 캐리는 아이들 눈높이에서 카메라를 응시하며 장난감을 갖고 논다. 이로써 오로지 시청자한테만 관심을 주는 것 같은 효과를 만들

캐리는 아이들의 눈높이에서 장난감을 갖고 노는 행위를 통해 아이들의 신뢰를 얻으면서 스타가 됐다.

어낸다. 아이들 시선에 맞추기까지 시행착오를 거쳤다.

　캐리는 아이들의 눈높이에서 장난감을 갖고 노는 행위를 통해 아이들의 신뢰를 얻으면서 스타가 됐다. 그녀가 이따금 저지른 실수는 친근감을 강화했다. 캐리는 스타성과 친근감을 활용해 동영상을 넘어 다양한 캐릭터 사업으로도 진출했다. 국내 MCN 업체로는 처음이다.

　'캐리와 장난감 친구들'은 모바일 동영상이지만 케이블TV VOD, SK브로드밴드 등 TV에서도 시청할 수 있다. 처음부터 HD와 UHD급 고화질 영상을 촬영했기 때문이다. 수많은 언박싱 콘텐츠 중에서도 대 성공한 비결은 품질 좋은 영상 때문이다.

　권 대표는 "TV 등 다양한 플랫폼으로 진출하는 것을 염두에 두고 촬영 시스템 구축비용을 아끼지 않았다"고 말했다. MCN 업체 처음으로 뮤지컬도 제작해 전국 순회공연을 했다. 또한 중국어 채널을 개설해 중국어권 시청자들의 인기를 끌고 있다. '캐리' '캐빈' '엘리'라는 자체 캐릭터를 개발해 사업 범위도 넓혔다.

채널 영상을 잘 만들어도 광고 매출만으로는 사업이 불확실했다. 캐리라는 캐릭터도 만들어 라이선스 사업으로 확대하고 뮤지컬도 만드는 등 저변을 확대한 이유이다.

캐리소프트는 '캐리와 장난감 친구들' 외 어린이용 독서 콘텐츠 채널 '캐리 북스', 여러 가지 단체 놀이를 소개하는 '캐리 앤 플레이' 채널도 운영 중이다. 캐리소프트는 NHN엔터테인먼트와 벤처캐피털 DCS 인베스트먼트 등으로부터 50억 원을 투자 유치했다.

권 대표는 "투자자금을 글로벌 키즈 콘텐츠 시장 진출과 키즈카페 등 신규 오프라인 사업, 캐릭터와 관련 부대사업의 다각화 등에 투입해 아시아를 대표하는 키즈 콘텐츠 기업으로 성장하겠다"고 비전을 밝혔다.

캐리소프트가 대규모 투자를 유치한 비결은 시장성이 무궁무진한 '어린이'와 '모바일' 분야를 모두 관통하기 때문이다. 1990년대 후반 이후부터 태어난 어린이와 청소년을 일컫는 '모어 모바일More Mobile 세대(모모세대)로 콘텐츠 소비층이 빠르게 변화하며 키즈 콘텐츠 시장이 빠르게 탄력받고 있다. 모모세대는 스마트폰과 태블릿 PC 등 모바일 기기에 익숙한 세대를 총칭한다.

캐리소프트가 보유한 자체 브랜드와 캐릭터는 성장 잠재력을 배가시킨다. 캐리소프트는 사업 초기부터 손오공, 헤스브로, 오로라월드 등 장난감 회사들로부터 콘텐츠 관련 협업 제의를 지속적으로 받았다. 영상 콘텐츠 속 등장하는 '캐리' '캐빈' '엘리' 등 자체 캐릭터는 게

임부터 완구와 뮤지컬까지 활용도가 다양하기 때문이다. 캐리소프트
는 2016년 기준 MCN 콘텐츠 제작사 중 성장 잠재력이 가장 큰 회사
중 하나임에 틀림없다.

토이푸딩

　● 버스, 트럭, 세단자동차를 손으로 하나씩 펼쳐보니 새나 황소 형상을 띤 로봇으로 변한다. 그 로봇들은 더 큰 공룡로봇 위에 올라타서 논다. 이른바 변신로봇이다. 신기하고 놀라운 장면들은 보는 것만으로도 재미있다. 영화 「트랜스포머」에서 비롯된 상상이 현실에서 아이들의 완구로 구현됐다. 언젠가 실생활에서도 변신로봇들이 등장할지도 모르겠다.

　토이푸딩TV는 국내 최고 인기 크리에이터 중의 한 명이다. 2014년 5월 출범해 2년 만에 구독자 수 200만 명을 돌파했다. 토이푸딩은 국내 인기 캐릭터 완구들을 운영자가 갖고 노는 '언박싱' 키즈 콘텐츠다. 뽀로로, 타요, 카봇, 로보카 폴리, 터닝메카드 등 유명 캐릭터 완구들을

토이푸딩은 국내 인기 캐릭터 완구들을 운영자가 갖고 노는 '언박싱' 키즈 콘텐츠다.

갖고 놀며 눈길을 사로잡는다.

　뽀로로가 운전하는 캐리어카에 로보카 폴리와 타요 등 캐릭터 자동차들을 싣는 콘텐츠를 살펴보자. 캐리어카로부터 기다란 사다리 판이 내려오고 그 위로 캐릭터 자동차들이 올라간다. 캐리어카는 여러 개의 자동차들이 떨어지지 않도록 잘 고정시킨 뒤 천천히 이동한다. 현실과 동일한 원리를 축소한 장난감이다. 이런 장면은 보는 것만으로도 공부가 된다.

　'뽀로로 소꿉놀이' 편에서는 뽀로로가 스니커즈 초콜릿을 먹는다. 사실 운영자의 손으로 초콜릿 포장을 벗긴 뒤 뽀로로는 먹는 시늉을 하고 화면 밖에서 쩝쩝 소리가 들린다. 비슷한 방식으로 콩순이 인형이 자판기에서 초콜릿을 구입해 먹는다.

　장난감 자판기에 1,000원짜리 지폐를 넣어 새알 초콜릿을 구매한

대부분의 콘텐츠에는 장난감을 조작하는 운영자의 손만 보여준다. 아무런 해설과 설명이 없다. 그저 눈으로 즐기면 된다. 비언어 퍼포먼스와 마찬가지다. 타깃 층인 유아들이 글을 읽지 못한다는 점에서 대중성이 크다.

다. 그 지폐는 나중에 자판기 뒤쪽을 열어 회수한다. 캐릭터 장난감들의 소꿉놀이다. 이는 현실 세계의 축소판이다.

선풍적인 인기를 끈 터닝메카드의 변신카드 놀이도 재미있다. 포장을 뜯어 여러 종류의 터닝메카드 완구를 변신시켜본다. 큰 새가 감쪽같이 승용차로 바뀐다. 황소로봇도 마찬가지다. 터닝메카드 종류가 이처럼 많다는 게 새삼 놀랍다. 자동차들이 땅 위에 놓인 카드와 접촉하는 순간, 원래의 새나 황소 모습으로 돌아간다. 터닝메카드가 무려 71대 등장하는 콘텐츠도 있다.

대부분의 콘텐츠에는 장난감을 조작하는 운영자의 손만 보여준다. 아무런 해설과 설명이 없다. 그저 눈으로 즐기면 된다. 비언어 퍼포먼스와 마찬가지다. 타깃 층인 유아들이 글을 읽지 못한다는 점에서 대중성이 크다.

국경을 넘기도 쉽다. 실제 이 콘텐츠는 해외 구독자 비중이 70% 이상이다. 해외 구독자들이 "놀랍다awesome" 등의 댓글을 쏟아내고 있다. 언어를 생략하고 화려한 퍼포먼스로만 눈길을 끌어서 글로벌 시장으로 확장성이 좋다. 특히 이 콘텐츠는 유아들에게 인기 높은 뽀로로를 중심으로 각종 인기 캐릭터 장난감들을 직접 사용한다는 점에서 흥행성이 높다.

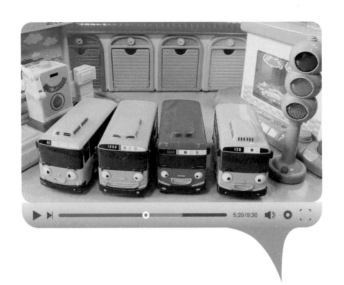

나오 디즈니토이즈

● 나오 디즈니토이즈는 토이푸딩처럼 '언박싱' 콘텐츠다. 다루는 콘텐츠들도 크게 다르지 않다. 가령 타요 캐릭터 버스들이 차고에 들어갔다 나오고 타요 중장비들은 온갖 기능들을 과시한다. 크레인을 접거나 모터 장치로 움직이기도 한다.

또 다른 자동차는 주유소에 들러 기름을 넣는다. 주유 장치는 친절하게 자동차 고객을 맞이하고 요금을 제시한다. 자동차나 주유장치들을 의인화한 놀이다. 터닝메카드의 다양한 모습들도 빼놓을 수 없다. 한 마디로 나오 디즈니토이즈는 인기 완구들의 포장을 뜯어 노는 콘텐츠다.

소꿉놀이 콘텐츠들이 특히 인상적이다. '마트 계산대 놀이' 편을 보

8:08 / 18:17

이 채널도 대사가 거의 없다. 운영자의 손만 보여주고 배경음악으로 이끌어간다. 글로벌 시장에서 세계인을 끌어 모으기 쉽다. 댓글도 대부분 외국어들이다. "정말 멋지다!" 감탄사들이 눈에 띈다.

자. 계산대 안에는 플라스틱 동전과 가짜 지폐를 넣는다. 상품을 카운터에 제시하면 바코드를 찍어 돈을 계산한다. 모조 카드로 결제하면 돈 통을 열어 잔돈을 돌려준다. 마트에서 계산원이 하는 일과 같다.

'주방놀이' 편을 보자. 우선 포장지를 뜯어 온갖 채소, 스푼, 프라이팬, 가스레인지, 소금과 후추 병 등 각종 모형 장난감들을 분리해 제자리에 둔다. 빨간 반죽을 넣자 국수 같은 면발이 나온다. 스파게티용이다. 면발 위에 야채를 얹으니까 먹음직스러운 스파게티가 만들어진다. 라면을 가스레인지로 끓여 요리를 하는 소꿉놀이도 있다.

여아용 옷장과 화장대 만들기 놀이도 눈길을 끈다. 장난감 침대에 이불을 얹고 욕조와 세면대를 설치한다. 가방에는 예쁜 캐릭터 스티커를 붙인다. 커다란 옷장 좌우에는 거울을 설치하고 화장대도 꾸민

꼬마버스 타요 장난감 개봉 동영상.

다. 옷장에는 인형의 옷도 걸어둔다. 이 놀이를 통해 아이는 여자로 성장해가는 과정을 연습해본다. 놀이를 통해 학습하는 효과가 크다.

열대어 장난감들이 어항 속에서 움직이면서 돌아다니는 콘텐츠도 있다. 플라스틱 나무들도 어항 속에 있다. 이 장난감 어항이 빚어내는 세상은 실제 어항보다 깨끗하다. 물고기들에 먹이를 줄 필요가 없으니까. 나오디즈니토이즈는 이름과 달리 디즈니 애니메이션 관련 콘텐츠를 찾기 어렵다. 디즈니가 아이들 콘텐츠의 대명사란 점에서 이름을 따온 듯싶다.

이 콘텐츠에도 대사가 거의 없다. 운영자의 손만 보여주고 배경음악으로 이끌어간다. 글로벌 시장에서 세계인을 끌어 모으기 쉽다. 댓글도 대부분 외국어들이다. "정말 멋지다!" 감탄사들이 눈에 띈다.

팜팜

● 색채 크레용을 분쇄기에 넣어 스위치를 넣는다. 크레용은 액체로 만들어져 다른 주물로 흘러내려 모양이 바뀐다. 노랑과 빨강 크레용을 혼합했더니 갈색 계통으로 바뀐다. 이 놀이를 통해 색깔끼리 혼합했을 때 어떻게 변화하는지 공부할 수 있다.

이번에는 어릴 때 동네에서 먹던 '달고나'와 '뽑기'를 만들어본다. 실제 설탕을 그릇에 넣고 가열한다. 베이킹 소다를 살짝 곁들인다. 액체 상태의 설탕을 꺼내 도마에 올려놓은 뒤 별 마크를 눌러준다. 어릴 때 먹던 뽑기다. 다양한 색깔의 매니큐어들을 혼합해 멋진 문양의 디자인을 연출하는 방법도 보여준다. 화사한 색상을 재구성해보니 정말 아름답다.

팜팜은 일상에서 접하는 다양한 사물과 사건을 재구성해본다. 스펙트럼이 대단히 넓다.

팜팜은 일상에서 접하는 다양한 사물과 사건을 재구성해본다. 스펙
트럼이 대단히 넓다. 먹거리에서부터 화장도구와 학습도구 등을 활용
해 색다른 세상을 보여준다. 재미뿐 아니라 교육용으로도 좋다. 집에

한 마디로 장난처럼 요리를 한다. 소꿉장난과 실제 요리와의 경계가 무너진다. 아이들은 호기심 어린 눈초리로 내내 곁을 지킨다.

서도 누구나 따라 하기 쉽다. 아이들과 시간을 보내기도 좋다. 아이들에게는 호기심을 자극하고 어른들에게는 동심으로 떠나는 타임머신을 제공한다.

　미술시간에 사용하는 각종 재료를 활용해 음식을 만들기도 한다. 각종 반죽으로 떡볶이와 김밥 등을 빚어본다. 물풀 등을 활용해 빨간 가짜 수프도 만들어본다. 때로는 진짜 음식도 재미있게 만든다. 캡틴 아메리카에 등장하는 방패 모양 젤리를 다양한 재료를 섞어 만들어본다. 이 같은 행위는 요리 배우기에 동기를 부여해준다. 단순한 젤리가 아니라 캡틴아메리카 방패 젤리를 만드는 것이니까.

　무지개 푸딩 젤리 만들기도 마찬가지다. 수박 푸딩 젤리, 해바라기 푸딩, 판다 주먹밥, 뽀로로 푸딩 젤리 만들기 코너 등 다채롭다. 한 마디로 장난처럼 요리를 한다. 소꿉장난과 실제 요리와의 경계가 무너진다. 아이들은 호기심 어린 눈초리로 내내 곁을 지킨다. 요리에 대한 식견도 넓혀준다. 뽀로로 푸딩 젤리가 완성되면 아이들은 어느 부위부터 먹을까 고민한다. 눈부터? 턱부터?

대부분의 콘텐츠는 다양한 색상이 어우러져 있어 보는 것만으로도 즐겁다. 누구나 알 수 있는 친숙한 이미지도 시선을 붙든다.

토이몬스터

● 문구점에서 판매하는 올챙이알 액괴에 뜨거운 물을 섞어 '액체 괴물'을 만든다. 얼핏 물처럼 보이지만 손을 넣어 들어보면 액체괴 물처럼 끈적끈적한 뭉치가 올라온다. 그뿐만 아니다. 손에 묻지 않는 액괴 가지고 놀기, 우유로 액괴 만들기, 콜라로 액괴 만들기, 총천연 색 액괴 만들기, 반짝이풍선 액괴 만들기 등 다양한 액괴 놀이가 등 장한다.

토이몬스터는 2017년 기준 구독자 수가 국내 유튜버 중 선두권에 있다. 해외 시청자 비중이 무려 98%에 달한다. 인기 비결은 무엇일 까? 아이들이 보는 콘텐츠에 집중하고 있다. 우선 아이들 눈을 사로잡 을 수 있도록 최소 네 가지 이상 색을 사용한다. 컬러풀한 색상은 모

토이몬스터는 2017년 기준 구독자 수가 국내 유튜버 중 선두권에 있다. 해외 시청자 비중이 무려 98%에 달한다.

든 사람들의 눈길을 끌 수 있기 때문이다. 해외 키즈 채널과 차별화하는 전략이기도 하다. 또한 매일 두 개 정도 꾸준히 콘텐츠를 올린다.

아이들이 살 수 있도록 값싼 재료를 활용한다. 또한 먹어도 위험하지 않은 초콜릿이나 껌 등을 재료로 이용한다. 칼은 절대 사용하지 않는다. 영상을 보고 따라하다 다치면 안 되니까. 대신 손과 풀 등을 자주 활용한다. 토이몬스터 운영자인 김승민은 "아이들에게 해가 되지 않는 영상을 만드는 것이 중요하다"고 강조했다.

김승민은 애초 10만 구독자 정도를 목표로 잡았다. 취미삼아 시작했지만 이제 그의 삶은 완전히 변했다. 그는 "대학졸업장이 꼭 중요하다고 생각하지 않는다"며 "군대 다녀온 후 복학하지 않고 이 일을 계속 하고 있다"고 말했다. 그는 외국인 시청자가 증가하면서 한국어로 진행하는 영상에 영어음성과 자막을 입혔다. 영상에 나오는 색깔이나

아이들이 살 수 있도록 값싼 재료를 활용한다. 또한 먹어도 위험하지 않은 초콜릿이나 껌 등을 재료로 이용한다. 칼은 절대 사용하지 않는다.

숫자를 영어자막으로 띄워주고 그 발음도 소리 내 읽어준다. 기초 영어단어들이 많다.

유튜브 영상번역 도구를 활용해 스페인어와 포르투갈어 서비스도 하고 있다. 글로벌 채널로 더욱 성장하기 위해서다. 그는 초기에는 한국 장난감만 사용했지만 이제는 외국인들도 쉽게 구입할 수 있는 해외 사이트에서 재료를 구입하고 있다. 해외 팬들이 장난감 구입처를 묻는 질문이 많아졌기 때문이다.

또한 해외 팬들의 질문에 댓글을 달아주기 위해 일일이 번역기를 이용한다. 해외 팬들에게 댓글을 다는 시간이 갈수록 늘어나고 있다. 그는 "구독자와 소통하는 것이 보람 있다"며 "1인 미디어 콘텐츠 창작자는 구독자들과 소통하는 것이 가장 중요하다"고 말했다.

허팝

● 허팝은 초등학생들이 궁금해 하는 것들을 다양한 실험을 통해 해결하는 1인 크리에이터다. '코끼리 치약 실험'과 '괴물 수영장 만들기'가 대표적인 콘텐츠다. '코끼리 치약 실험' 편에서 "오늘은 코끼리 치약 실험이라고 불리는 과산화수소 실험을 하겠다"고 말한다. 엄청난 거품이 한순간에 일어나니까 모두들 눈 크게 뜨고 지켜봐달라고 주문한다.

준비물은 과산화수소 함량이 높은 실험용 과산화수소, 요오드화칼륨, 주방용세제, 식용색소 등 네 가지. 허팝은 과산화수소 함량이 높아서 위험할 수 있기 때문에 고무장갑을 끼고 진행한다. 과산화수소와 주방용세제를 5 대 5로 혼합하고 식용색소 한 스푼에 이어 요오드화

칼륨을 약간 넣자 거품이 일어나기 시작한다. 거품은 작은 풀장을 가득 메울 정도로 크게 일어난다.

'괴물 수영장 만들기' 편에서는 허팝이 슬라임베프 가루 100봉지를 미니 수영장의 물에 풀어넣는다. 물은 곧 미끈거리면서 끈적끈적한 젤리 형태로 변한다. 미니언즈 캐릭터가 그 속으로 점점 빠져든다. 마치 젤리 괴물이 먹어치우는 것처럼 말이다. 허팝이 미니언즈를 구출하기 위해 뛰어든다. 허팝의 다리는 젤리 같은 물 속에서 잘 빠지지 않는다. 허팝은 '매직 가루'를 뿌려 젤리 괴물을 다시 물로 환원시킨다.

두 콘텐츠는 신기한 광경을 눈으로 보여준다. 몇 가지 약품을 섞자 놀랄 만한 거품이 일어나고 물이 젤리처럼 변한다. 아이들의 호기심을 충족시켜주기에 충분하다. 특히 젤리 괴물은 할리우드 영화 속 한 장면처럼 시선을 빨아들인다. '감자 전분으로 물 위를 걷기' '초대형 비눗방울 만들기' 등도 인기를 모았다.

콜라 50잔을 한 번에 따르는 기계 만들기, 10미터 드라이아이스 수영장 만들기, 에어컨 직접 만들기, 크레파스 립스틱 만들기, 100년

허팝은 초등학생들이 궁금해 하는 것들을 다양한 실험을 통해 해결하는 1인 크리에이터다.

이 채널의 인기 비결은 엉뚱한 생각을 현실화한 데 있다. 사람들이 궁금해 하지만 실행으로 옮기지 못하는 것들을 직접 실험을 통해 보여줘 대리만족을 준다.

사용 가능한 무한 형광펜 만들기, 1미터 초콜릿 공룡 만들기 등 과학적 원리를 일상에 적용할 수 있는 사례들을 선보였다.

　이 채널의 인기 비결은 엉뚱한 생각을 현실화한 데 있다. 사람들이 궁금해 하지만 실행으로 옮기지 못하는 것들을 직접 실험을 통해 보여줘 대리만족을 준다. 실험 자체는 그다지 어렵지 않다. 허팝은 실험의 성공 여부가 핵심이 아니다. 호기심을 해결하기 위해 일단 도전하는 게 중요하다고 강조한다.

　허팝의 본명은 허재원이다. 그는 자신의 성 '허'와 '힙합'을 붙여서 허팝이라고 불렀다. 공연기획을 전공한 그는 사실 과학과는 별로 상관없다. 그러나 호기심이 누구보다 많았다. 30대가 되기 전에 용기를 내서 영상제작 꿈을 실현하게 됐다.

　2014년 7월부터 한 달에 한 번 정도 재미로 영상을 올리다가 반응이 좋자 크리에이터로 전업했다. 그는 혼자서 콘텐츠 기획부터 연기,

허팝은 초등학생 팬들로부터 하루에 수백 개의 메시지를 받는다. 그는 "특정 실험을 해달라
는 메시지가 오는데 너무 많아 다 읽지 못할 정도"라고 말했다.

진행, 촬영은 물론 편집과 유통(업로드와 홍보)까지 도맡는다.

　카메라 한 대로 시작했지만 곧 100만 원대 캠코더와 20만 원짜리
액션 캠코더 총 3대로 찍었다. 다양한 시선으로 한 번에 찍을 수 있어
작업이 수월해졌다. 주변 사람들이 처음에는 '뭐 하는 짓'이냐고 반
응하다가 지금은 '재미있게 하고 싶은 일을 하며 산다'고 부러워한다.
이제는 자신의 시간을 통제하기 힘들만큼 바빠진 게 문제라고 했다.

　허팝은 초등학생 팬들로부터 하루에 수백 개의 메시지를 받는다.
그는 "특정 실험을 해달라는 메시지가 오는데 너무 많아 다 읽지 못
할 정도"라고 말했다. 그의 꿈은 세계로 나가는 것이다. 전 세계 구독
자를 대상으로 타임머신 만들기 등과 같은 시공간을 초월하는 신선한
콘텐츠를 만들고 싶어한다.

말이야와 친구들

● 안정적인 대기업을 그만두고 유튜브 1인 방송을 시작했다. 월급은 10배 이상 늘었다. 동영상 채널 '말이야와 친구들'을 운영 중인 1인 크리에이터 이혜강의 얘기다.

한 기업의 구매 부서에서 일하던 그녀는 인터넷 콘텐츠 시장에 일찌감치 관심을 가졌다. 초반엔 자신 있는 프레젠테이션 관련 콘텐츠로 시작했다. 콘텐츠가 잘 알려지기 시작하면서 사용료를 내겠다는 곳들이 생겼다. 수익이 100만 원에 이르렀을 때 회사를 그만두기로 결심했다. 좋아하는 콘텐츠를 만들며 돈을 벌 수 있겠다는 확신이 들었기 때문이다.

그녀는 "동영상 플랫폼인 유튜브가 콘텐츠로 수익을 얻을 수 있는

이혜강이 주목한 것은 어린이층. 이제 자기 스마트폰을 하나씩 가지기 시작하는 어린이를 위한 콘텐츠가 많지 않다는 계산이었다.

최상의 플랫폼이라고 생각했다"며 "방송 시청 층이 누가 될지를 고심했다"고 말했다. 이혜강이 주목한 것은 어린이층. 이제 자기 스마트폰을 하나씩 가지기 시작하는 어린이를 위한 콘텐츠가 많지 않다는 계산이었다.

채널은 어린이의 할리퀸 분장 놀이, 롤러코스터를 타고 공포에 질린 어린이의 표정 등을 선보인다. 터닝메카드나 꼬마버스 타요 등 어린이들에게 인기 있는 캐릭터들도 자주 소재로 쓴다. 애니메이션 「토마스와 친구들」 기차 장난감의 트랙을 100개 연이어 보기, 메가블럭 1,000개를 이용해 대형 조형물을 만들어보기 등 놀이에 접목한 실험도 내보낸다.

이혜강은 "장난감을 활용한 다양한 놀이방법, 신기한 실험 등을 소개한다"며 "시청자들이 간접 경험을 할 뿐만 아니라 방송을 본 후에도

가족들이 함께 만들어가는 채널로 진행이 자연스럽고 자극적이지 않으면서도 시청자 층이 공감할 수 있는 내용을 다룬다는 것이다.

직접 장난감을 가지고 놀 수 있는 방법을 알려준다"고 말했다.

　그녀가 생각하는 인기 비결은 무엇일까? 가족들이 함께 만들어가는 채널로 진행이 자연스럽고 자극적이지 않으면서도 시청자 층이 공감할 수 있는 내용을 다룬다는 것이다.

　이혜강과 그녀의 남편 국동원이 함께 진행한다. 가족과 함께 운영하는 채널이기에 더욱 나은 모습으로 발전시키고 싶은 마음이 크다. 그녀는 "해외에서는 가족으로 구성된 가족 예능Family Variety 채널로 모범 사례가 많이 있지만, 국내에서는 전례가 없다"며 "말이야와 친구들이 국내 가족 예능 채널의 모범적 사례로 거듭나기를 바란다"고 말했다.

　그녀는 "채널을 시청하는 구독자들도 건전하고 즐거운 기운을 받아

정말 길게 늘어나는 젤리!!

말이야와 친구들은 가족 예능 채널의 모범적 사례가 되고자 노력하고 있다.

가족들과 행복한 시간을 가질 수 있도록 돕는 것이 채널의 목표"라고
덧붙였다.

엔터테인먼트

원밀리언

● 원밀리언은 2013년 프로 댄서 출신의 성세일이 설립한 댄스 안무 학원의 이름에서 비롯됐다. 그는 경영학을 전공한 뒤 10여 년간 힙합 댄서로 활동하면서 기성 가수들의 안무를 지도하는 영역으로 넓혔다. 주로 프로 춤꾼들이 팝송에 맞춰 춤추는 모습을 담아 올린다. 장르는 힙합과 알앤비가 대다수다.

남녀 댄서들이 스튜디오에서 격렬하게 춤사위를 펼친다. 걸그룹이 길거리에서 댄스 공연을 펼치기도 한다. 놀라운 몸놀림에 시청자들은 매료된다. 유튜브에 있는 댄스 콘텐츠들은 대부분 아마추어 것들이다. 하지만 원밀리언은 프로들의 댄스 콘텐츠다. 그것도 매일 한 편씩 새로 올라온다. K-팝 가수들의 안무를 지도하면서 얻은 실력이 바탕

유튜브에 있는 댄스 콘텐츠들은 대부분 아마추어 것들이다. 하지만 원밀리언은 프로들의 댄스 콘텐츠다. 그것도 매일 한 편씩 새로 올라온다.

이 됐다. 오프라인 학원에서 후진들을 지도하고 있는 것도 도움이 됐다. 프로 댄서들의 춤사위를 담은 콘텐츠를 대량 확보할 수 있기 때문이다.

원밀리언 콘텐츠에서 한 여성댄서는 춤을 추면 스스로에게 솔직해지는 게 좋다고 말한다. 댄서는 주변 사람부터 에너지를 받을 수 있는 직업이라고 한다. 그는 춤은 전문가들의 것만이 아니라 누구나 즐길 수 있는 것이라고 강조한다. 거리에서나 빌딩 숲에서 혹은 다리 위에서도 가능하다고. 그는 앞으로 에펠탑과 같은 유명 장소에서 공연하는 게 목표라고 한다. 사람들은 댄서들의 춤이 스튜디오에서 펼쳐지는 것보다 야외에서 즉흥적으로 펼쳐지는 영상을 더 좋아한다.

프로 춤꾼들이 팝송에 맞춰 춤추는 모습을 담아 올린다. 장르는 합합과 알앤비가 대다수다.

성세일은 "팝 문화를 좋아하는 전 세계인들이 들어와 즐긴다"고 말했다. 그의 말대로 댓글은 대부분 영어다. 미국인이 15%이며 나머지는 각국에서 5% 미만으로 들어온다.

"나는 빅 팬이다. 당신은 헐렁한 셔츠나 트레이닝복을 입어도 섹시하다.""믿을 수 없을 만큼 강렬하고 섹시하다." 각국 시청자들은 댄서가 누구인지 묻거나 솔직한 느낌들을 서로 교환한다.

일반인이 동영상 댄스들을 따라하려면 6개월 정도 걸린다. 원밀리언은 댄스를 배우려는 사람들을 위해 초보 교실도 운영한다. 오프라인 학원뿐 아니라 동영상 콘텐츠로도 공개한다.

이렇게 재밌게 놀 수 있습니다.

5:20/9:30

쿠쿠크루

● 쿠쿠크루는 김지민, 신동훈 등 12명의 젊은 남성들이 일상에서 기상천외한 장난으로 웃음을 주는 코미디다. 멤버들은 중학교 때부터 친구로 지내왔다. 일부는 전업 크리에이터들이다. 2007년 싸이월드에서 시작한 이후 페이스북과 유튜브 등으로 무대를 옮겼다.

쿠쿠크루는 장르를 초월해 웃음을 준다. 가령 개에 채우는 짖음 방지용 전기충격기를 멤버들이 돌려가며 착용해본다. 이 장치는 개가 짖을 때 전기충격을 가해 짖지 못하도록 만드는 도구다. 멤버들이 착용한 후 소리를 내면 전기가 통해 깜짝 놀란다. 그 모습에 사람들은 웃는다. 진행자는 전기충격기를 동물들한테 착용시켜서는 안 된다고 주장한다.

페스티벌에서 잘 노는 법.

개의 특이한 간식들을 멤버들이 직접 맛보기도 한다. 상어연골 육
포를 먹어보니 예상 외로 맛있다고 말한다. 캥거루 꼬리 껍도 저지방
콜레스테롤이 풍부해 먹을 만하다고. 하지만 낯선 음식을 처음 먹어
보는 모습은 웃길 수밖에 없다. 엽기성을 띤 자극적인 콘텐츠들도 많
다. 남녀가 가위 바위 보를 해 이기는 사람이 상대에게 싸대기를 날린
다. 토끼 똥과 사람 오줌을 몰래 먹인 뒤 반응을 살피는 '몰래카메라'
콘텐츠도 있다. 참여자들은 자신이 먹거나 마신 쿠키와 술에 토끼 똥
과 오줌이 들어갔다는 사실을 안 뒤에는 토한다.

장난감 권총으로 하는 러시안룰렛 게임, 의자와 전등 등 주변 집기
를 활용해 싸움을 하는 방법, 낡은 차를 지게차로 부수면서 소유주인
친구의 반응을 살피기도 한다. 엽기성이 지나친 콘텐츠들은 항의를
받기도 한다. 청소년들이 보는 데 이래서는 안 된다는 것이다.

페스티벌에서 잘 노는 법.

이 콘텐츠는 10대와 20대에 인기가 많다. 한 마디로 기상천외한 장난들이 웃기기 때문이다. 멤버들은 "남들이 쉽게 하지 못하는 장난을 우리가 해 대리만족을 시켜준다"고 입을 모은다. 친구들끼리 편하고 자연스럽게 노는 모습을 시청자들이 좋아한다는 것이다.

쿠쿠크루는 10대들의 콘텐츠 제작에 영향을 주기도 했다. 친구의 엉덩이를 몽둥이로 장난스럽게 때리거나 다른 심한 장난을 하는 영상 콘텐츠들이 쏟아지고 있다. 아이디어는 일상생활에서 얻는 경우가 많다. 어린 시절 추억에서 가져오기도 한다. 이들은 찍고 싶은 게 있으면 장르를 불문하고 모두 도전한다.

쿠쿠크루 멤버들은 대부분 중학교 때부터 함께 커온 친구들이다. 매번 신선한 아이디어를 구하는 게 가장 어렵다고 한다. 하지만 멤버

들은 현재의 삶에 만족하고 있다. 앞으로도 영상을 통해 시청자들을
행복하게 만들고 싶어한다.

김이브

● 대부분의 크리에이터들이 게임, 메이크업 팁, 쿡방 등 특정 분야의 정보를 전달하는 동영상으로 인기를 모은다. 반면 친구와 편하게 수다를 떠는 토크쇼 형식으로 유명해진 크리에이터도 있다. 김이브가 그런 예다. 다양한 시청자의 고민을 상담해주고 일상의 시시콜콜한 이야기를 친구에게 들려주듯 방송한다.

김소진이 본명인 김이브는 몇 가지 주제를 정해 시청자들과 실시간 채팅을 하며 이야기하는 방송을 내보내는 것으로 구독자 수 100만 명을 일찌감치 넘겼다. 그는 "일상적으로 사람들이 공감할 수 있는 토크와 라이프스타일을 주제로 다루고 있다"며 "시청자들과 주고받으며 하는 토크 형식의 콘텐츠가 인기가 높다"고 설명했다.

김소진이 본명인 김이브는 몇 가지 주제를 정해 시청자들과 실시간 채팅을 하며 이야기하는 방송을 내보내는 것으로 구독자 수 100만 명을 일찌감치 넘겼다.

김이브가 꼽는 성공 비결은 '공감'이다. 그녀는 "시청자들과 공감할수 있고 대화가 가능한 내용들을 다뤄야 한다"고 짚었다. 자신의 특별한 경험담만을 얘기하는 것만이 능사가 아니다. 시청자들이 이야기를 들으며 공감하는 것이 관건이라는 얘기다. 그래서 김이브는 누구나 주변에서 경험해 봤을 법한 연애 이야기나 친구 혹은 남매 간의 이야기 등을 주로 다룬다. '사랑에 나이가 얼마나 중요한가?' '자기 컨디션을 확인하는 방법' '내가 본 눈물 콧물 쏙 뺀 영화' 등을 주제로 영상을 올렸다.

고정 팬이 빠른 속도로 모였다. 토크 영상이 많지 않았던 시기에 먼저 방송을 시작했던 것이 주효했다. 김이브는 "토크라는 장르가 유튜브에서 활성화되지 않았는데 먼저 뛰어들어 신선한 느낌을 준 것 같

동네 언니가 해주는 따뜻한 연애상담.

다"고 말했다.

　그녀의 인터넷 방송 경력은 꽤 길다. 1990년대 후반 채팅사이트 세이클럽에서 라디오 방송을 시작했다. 시대가 바뀌면서 영상 콘텐츠로 넘어온 셈이다. 김이브는 "처음 인터넷 방송에 도전한 것도 다른 사람들과 공감하고 소통할 수 있다는 점이 신기하고 매력적이라 생각되었기 때문"이라며 "오랜 기간 방송 활동을 해왔기 때문에 주변 사람들도 (독특한 커리어를) 자연스럽게 생각한다"고 설명했다.

　시청자들의 반응을 실시간으로 체크하고 논란이 일면 발 빠르게 대처하는 그녀의 스타일도 '장수 크리에이터'를 만들었다. 그녀는 시청자와 실시간 채팅을 하며 콘텐츠를 만들기 때문에 힘든 점이 있다고 한다. 일부 시청자들이 방송 내용과 관계없이 막말이나 욕설을 하는 경우다. 누군가 맥락에 맞지 않는 말로 '도배'를 할 때도 있다. 무시할 때도 있지만 재치 있는 입담으로 받아쳐 시청자들의 웃음을 유발하기도 한다.

유튜브 방송 특성상 생기는 애로점도 있다. 그는 "생방송과 다르게 유튜브는 영상의 분량, 편집, 기획이 중요하다 보니 아이디어를 내는 것이 힘들 때가 있다"고 말했다. 그녀의 영상은 여느 지상파 방송프로그램 못지않은 화면효과와 자막 등이 특징이다. 영상 편집자만 세 명을 두고 사소한 부분에도 공을 들인다.

그녀가 운영하는 또 다른 채널들도 주목거리다. 일상적인 콘텐츠를 선보이는 '혼자 사는 여자', 화제가 된 상품을 리뷰하는 '대신 써주는 여자' 등이 그것이다. 그녀는 "앞으로 유튜브에 맞는 재미있는 영상들을 만들어내고 싶다"며 "시청자들을 더욱 즐겁게 해주고 나아가 여러 정보도 알려줄 수 있는 크리에이터가 되고 싶다"고 말했다.

스팀보이

● 크리에이터 스팀보이의 경력은 독특하다. 뮤지컬 배우 일을 하던 그가 현재는 개인 채널인 '스팀보이', 파트너 크리에이터 릴마블과 함께하는 '스팀마블' 채널을 통해 콘텐츠를 선보이고 있다. 그는 "파트너 릴마블과 만나면서 크리에이터 활동을 시작하게 됐다"며 "공연을 하다가 함께 그만두면서 '우리 콘텐츠를 유튜브나 SNS를 통해 알리자'고 의기투합했다"고 말했다.

그는 연기, 춤, 노래를 모두 아우르는 뮤지컬 배우 출신이어서인지 방송 주제나 소재가 매우 다양하다. 실험, 리뷰, 게임, 애완동물의 근황, 코미디 몰래카메라 등이 나간다. 릴마블과 함께 방송하며 파트너 협업의 시너지 효과를 체감한 뒤 함께 사는 여동생과의 일상 대화를

스팀보이는 연기, 춤, 노래를 모두 아우르는 뮤지컬 배우 출신이어서인지 방송 주제나 소재가 매우 다양하다. 실험, 리뷰, 게임, 애완동물의 근황, 코미디 몰래카메라 등이 나간다.

동영상으로 올리기도 한다. 방송 파트너끼리 장난이 꼬리를 이으면서 자연스레 동영상 연작이 나온다.

스팀보이가 음성 변조 앱을 이용해 릴마블에게 전화를 걸어 그를 놀라게 한다. 그럼 릴마블은 그에 대한 응수로 머리에 화살이 박힌 듯한 특수 분장을 한 채 스팀보이에게 영상통화를 거는 식이다. 스팀보이는 "다른 크리에이터들과의 협업도 기회가 된다면 꼭 도전해보고 싶다"고 말했다.

스팀보이는 "실험이나 몰래카메라 위주 콘텐츠가 인기가 많다"고 말했다. 사람들에게 장난을 치는 '프랭크 몰래카메라'가 일례다. 사람 팔 모양의 소품을 이용해 사람들을 놀라게 하는 영상은 조회 수 300만 건을 넘겼다.

저번주에 짜파게티 털렸던 불쌍한 스팀보이...
ㅋㅋㅋㅋㅋㅋㅋㅋㅋㅋㅋㅋㅋㅋㅋㅋㅋㅋ

릴마블이 스팀보이의 음식을 뺏어먹고 있다.

독특한 음식을 먹어보거나 언뜻 황당해 보이는 도전을 해보는 콘텐츠도 선보인다. '냉각 스프레이로 와인잔 얼리기 실험' '수박 맛이 나는 식빵을 먹어보기' 등이다. 개성 있는 제품이 나오면 직접 제품을 사서 리뷰하기도 한다. 여름철에는 수박을 자르고 과육에 소주를 주입하는 식으로 '알코올중독 수박'을 만들어 먹어보는 영상을 올렸다.

그는 "마술, 노래 등 다양한 주제를 소재로 삼기 때문에 많은 사람들이 봐준다고 생각한다"며 "스스로를 주제를 가리지 않고 다양하게 진행하는 '잡 크리에이터'라고 본다"고 말했다. 배우로 활동할 때보다 인터넷 방송으로 더 얼굴을 알렸다. 인기를 얻으면서 팬도 많아졌다.

그는 "공공장소에서 팬들이 몰려 곤란했던 기억도 있다"며 "주변에서 매일 영상을 보고 피드백을 주는 사람들의 도움도 힘이 된다"고 말했다. 팬들과 소통을 위해 즉석 방송을 하기도 한다. 가령 '깜짝 새벽

독특한 음식을 먹어보거나 언뜻 황당해 보이는 도전을 해보는 콘텐츠도 선보인다.

방송-안 자시는 분들 들어오세요. 대화해요!'라는 제목으로 생방송을 열었다. 특별한 주제 없이 팬들이 실시간으로 다는 댓글을 보며 마치 친구와 수다를 떠는 것 같은 방송을 꾸몄다.

그는 "영상을 업로드한 뒤 모니터링을 하다 보면 뒤늦게 부족한 점이 보일 때 아쉽다"며 "초심을 잃지 않고 재미있는 콘텐츠를 꾸준히 보여주겠다"고 말했다.

최고기

● "주제를 가리지 않고 다양하게 진행하는 '잡 크리에이터'라고 제 자신을 생각합니다. 좋게 보면 '만능 크리에이터'죠. 마술, 노래 등 다양한 주제를 소재로 삼기 때문에 많은 사람들이 봐준다고 생각합니다."

크리에이터 최고기의 말이다. 본명은 최범규이다. 그는 게임, 마술, 음악, 먹방 등 다양한 엔터테인먼트 콘텐츠 채널을 운영하고 있다. 그는 자신의 콘텐츠에 대해 "일상이 심심하지 않게 조미료를 뿌려주는 채널"이라고 소개한다. 먹방이나 게임 등 이미 정형화된 패턴이 있는 콘텐츠에 새로운 요소를 더한 이유다.

가령 그는 먹방 동영상에서 말장난과 농담을 곁들인 '코믹 먹방'을

「슈퍼마리오」 연주. 일상 동영상에는 피아노 연주나 마술 등을 곁들여 즉석 공연을 열기도
한다.

선보인다. 아주 매운 라면을 한 입에 먹어치우거나 부대찌개 라면을
먹으며 실제 부대찌개 맛과 비교해보기도 한다. 그는 "먹는 모습과 함
께 코믹한 모습을 보여주니까 시청자들이 더욱 즐거워한다"고 말했다.

일상 동영상에는 피아노 연주나 마술 등을 곁들여 즉석 공연을 열
기도 한다. 성대모사도 곧잘 한다. 게임 방송도 독특하다. 게임 방
송 중 게임 속 여러 캐릭터의 목소리를 달리 내면서 연기를 한다. 마
치 드라마를 보는 것 같은 효과를 준다. '즐' '내 안의 흑염룡이 깨어
나……' 등 인터넷 유행어를 집어넣어 웃음을 유발하기도 한다. 방송
중 시청자들이 지루함을 느끼지 않도록 이끄는 노력이다.

게임 방송엔 직접 더빙해 꾸민 이야기 외에도 인기 요소가 또 있다.
게임을 잘한다는 것. 최고기는 주특기인 「슈퍼마리오」 게임을 갖고

그는 게임, 미술, 음악, 먹방 등 다양한 엔터테인먼트 콘텐츠 채널을 운영하고 있다. 그는 자신의 콘텐츠에 대해 "일상이 심심하지 않게 조미료를 뿌려주는 채널"이라고 소개한다.

'슈퍼마리오 3D월드'라는 동영상 콘텐츠를 연재하고 있다. 한 케이블 채널에서 '슈퍼마리오 5분 안에 깨기'에 도전했다. 그는 이 게임을 소재로 신기록을 세우는 과정을 중계하며 입담을 풀어놓는다. 너무 어려워서 많은 사람들이 가보지 못했던 레벨을 소개하고, 다양한 플레이 방법을 소개해 시청자들의 궁금증을 풀어주기도 한다.

이런 다양한 콘텐츠는 최고기가 2005년부터 인터넷 방송을 하며 활로를 모색해온 결과다. 그는 "초기에는 영상 편집 등이 쉽지 않았고 악플이나 욕설로 인해 힘들기도 했다"고 회고한다. 오랜 기간 방송을 하다 보니 이런 점은 익숙해졌다고 한다. 최고기는 "직업인으로서 크리에이터 활동을 오랜 기간 해오다 보니 초반엔 힘들었던 여러 부분이 이젠 무덤덤하게 느껴진다"며 "지금은 굉장히 만족하며 일하고 있

최고기의 **최초** 다이어트비법 **공개**

학생 신분이었던 그가 인터넷 방송을 진로로 삼겠다는 말에 가족들의 반대가 컸다. 하지만 이제는 가족들도 이해하고 격려해주고 있다.

다"고 말했다.

최고기가 인터넷 방송을 시작한 계기는 간단했다. 당시 한 인터넷 커뮤니티에서 방송을 굉장히 잘 진행하는 회원을 보고는 그 자신도 저런 방송을 해보고 싶다고 생각해 무작정 뛰어들게 됐다고 한다.

그는 "1인 크리에이터를 직업으로 삼게 된 것은 MCN 산업이 커가는 모습을 보고 확신이 생겼기 때문"이라고 말했다. 처음부터 쉬운 길은 아니었다. 학생 신분이었던 그가 인터넷 방송을 진로로 삼겠다는 말에 가족들의 반대가 컸다. 그는 "제 고집이 워낙 세서 밀어붙였다"며 "군대에 가서도 전역 후의 영상 콘텐츠 전략을 짤 만큼 열정이 있었다. 꾸준한 활동을 통해 인기를 얻자 가족들도 지금은 이해와 격려를 해주고 있다"고 말했다.

최고기는 "만능 크리에이터답게 현재에 만족하지 않고 좀 더 많은 것들을 보여주고 싶다"고 말했다. 누구나 할 수 있고 누군가 이미 했던 것들을 넘어서고 싶다는 것이 그의 포부다. 그는 "여러 방면으로 공부해 나만이 할 수 있는 신선한 콘텐츠를 보여주고 싶다"고 강조했다.

JKTV

● JKTV의 유튜브 채널을 처음으로 방문한 이들은 '한국인이 운영하는 방송 채널에 들어온 것이 맞나?' 하는 생각에 잠시 고개를 갸웃거릴지도 모른다. 대부분의 동영상 제목이 영어라서다.

JKTV는 한류, K-팝, 한국 문화 등을 주제로 각국 시청자들에게 동영상 콘텐츠를 선보이고 있다. 동영상엔 한국어와 영어가 섞여 나온다. 그렇다고 시청자들이 최소한 2개 국어에 능통해야 하는 것은 아니다. 한국어 자막과 영어 자막을 병기해 다양한 시청자들이 내용을 따라갈 수 있도록 했다.

대표적인 콘텐츠는 한국 문화를 소개하는 영상이다. 경기 용인의

JKTV는 한류, K-팝, 한국 문화 등을 주제로 각국 시청자들에게 동영상 콘텐츠를 선보이고
있다.

한국민속촌을 가거나 제주도를 방문한 영상에선 곳곳의 볼거리를 소
개한다. 'K-팝 스타가 되려면 얼굴이 작아야 한다.' 등 외국인이 한국
문화에 대해 궁금해 하는 소문에 답하는 코너도 있다.

리액션 콘텐츠도 많다. 외국의 K-팝 팬들이 한국 뮤직비디오를 감
상하며 실시간으로 지은 표정이나 탄성을 영상에 담은 것과 비슷하
다. '걸그룹 트와이스의 뮤직비디오를 본 한국인의 리액션' '한국의
10대 청소년이 팝스타 니키 미나즈의 뮤직비디오를 본 리액션' 등이
그것이다.

특히 K-팝 그룹의 뮤직비디오에 대한 리액션 영상이 많다. 각국
K-팝 팬들이 '내가 좋아하는 가수에 대해 한국 현지인들의 반응은 어
떨까?'를 궁금해 할 것이라는 점에서 착안한 역발상 콘텐츠다.

Name of the brand is called Walker..No wonder why many English skinheads wears Dr Martin walkers..lol

영국과자 먹어보기 영상이다.

JKTV 본명은 강재창이다. 원래 친구와 함께 시작했다. 1년 반 동안 수익이 나지 않자 친구는 아프리카TV에 취직했다. 그는 "한국에 사는 한국인이 다양한 것들을 체험하는 영상을 세계인을 대상으로 재미있게 풀어내고자 했다"고 설명했다.

가장 인기 있는 콘텐츠는 세계 각국의 문화를 잇는 영상이다. 한국 사람들이 미국, 오스트레일리아, 싱가포르, 영국, 리투아니아 등 다양한 나라의 과자와 간식거리를 먹어보는 영상 등이 꾸준히 올라온다. 이중 '한국 사람들이 필리핀 과자를 먹어본다면' 영상은 필리핀 시청자들에게 큰 관심을 받아 조회 수 68만 건을 넘겼다.

JKTV는 해외를 타깃으로 콘텐츠를 제작하기 시작했다. 한국이나 한류에 대해 관심을 갖는 외국인이 많아지면서 일반인이 올리는 동영상의 인기도 높아지고 있다고 한다.

JKTV 소개 영상이다.

JKTV가 인터넷 방송을 시작한 데는 외국 크리에이터들의 영향이 컸다. 그는 "2008년부터 유튜브 영상을 즐겨보는 과정에서 해외에 다재다능한 친구들의 '끼'를 봤다"며 "'나도 언젠가는 저렇게 할 수 있지 않을까?' 하는 생각을 하게 됐다"고 설명했다.

크리에이터로서의 삶은 어떨까? JKTV는 "아직 크리에이터란 직업이 생소하기에 일일이 설명해야 하는 게 조금 귀찮다"며 "아직도 주변에서는 '너 그래서 어떻게 먹고 살 거니.' 하며 눈칫밥을 주기 일쑤"라고 털어놨다.

하지만 비슷한 또래의 반응은 좀 다르다. JKTV는 "주변 친구들은 이렇게 선택한 게 정말 멋있다며 응원해주고 가끔 카메라 앞에서 나오는 가식적인 모습을 보며 장난을 걸기도 한다"고 덧붙였다.

앞으로 JK ENT 채널의 콘텐츠를 다각화할 계획이다. JKTV가 다국

적 콘텐츠라면 JK ENT는 몰래카메라 등 국내 팬들을 위한 콘텐츠를 주로 내보낸다. JKTV는 두 채널을 운영하면서 더욱 다양한 장르의 콘텐츠를 선보일 계획이다.

<나쁜 녀석들>처럼 범죄를 범죄로 처단하는 <38사기동대>

발없는새

● 할리우드 블록버스터 「배트맨 대 수퍼맨: 저스티스의 시작」 감독판을 클릭해본다. 영화 속 짧은 장면들이 계속 나오고 운영자가 해설한다. "이 영화는 각 캐릭터들을 잘 부각시켜 주제를 뚜렷이 보여준다"고 말한다. "슈퍼맨이 좋아하는 로리스 레인은 극중 진실을 찾아 나선 유일한 존재인 반면 원더우먼은 불필요한 인물이다"라고 설명한다. "배트맨과 슈퍼맨에 더 집중했더라면 좋았을 것"이라고 강조한다.

「부산행」편을 살펴보자. 이 영화는 한국영화 최초의 좀비 블록버스터다. 그러나 투자 배급사는 좀비라는 용어 대신 재난 블록버스터라고 표현했다. 좀비영화는 대개 저예산 공포영화들이다. 그러나 할리우드 영화 「월드워」는 재난 영화로 접근해 대성공했다. 「부산행」은

발없는새는 최신영화부터 독립, 예술, 오락, 상업 등 온갖 영화들의 리뷰 채널이다. 영화에 대해 알고 싶은 시청자들의 욕구들을 풀어주는 게 이 콘텐츠의 목표다. 관객의 입장에서 영화를 해설한다.

「월드워」의 마케팅 전략을 벤치마킹했다. 부산행 열차라는 폐쇄된 공간에서 좀비가 출현하면 공포가 더해질 것이라고 설명한다.

'발없는새'는 최신영화부터 독립, 예술, 오락, 상업 등 온갖 영화들의 리뷰 채널이다. 영화에 대해 알고 싶은 시청자들의 욕구들을 풀어주는 게 이 콘텐츠의 목표다. 관객의 입장에서 영화를 해설한다.

시청자들의 인기를 끄는 이유는 품질이 좋기 때문이다. 첩보액션

배트맨 대 슈퍼맨

'제이슨 본'과 '007 시리즈'의 제임스 본드를 비교한 콘텐츠가 대표적이다. 제이슨 본이 외부자라면 제임스 본드는 내부자란 게 가장 큰 차이점이다. 냉전 시대에 탄생한 캐릭터인 제임스 본드가 조직에 의해 자신이 소모품처럼 쓰이는 것에 불만이 크지만 조직이 위기에 봉착하자 다시 헌신한다. 그러나 본드보다 현대적인 인물인 제이슨 본은 수많은 조직의 부조리를 알고 있기 때문에 자신의 양심에 따라 행동한다는 것이다.

댓글이 쏟아진다. "이 영상을 보니 제이슨 본과 제임스 본드의 차이를 알겠네요." "와우 와우 와우 좋아요 꾹꾹." "영화는 허구임이 틀림없지만 어찌 보면 현실보다 더 현실 같아요." "제이슨 본이 훨씬 인간적이고 정의롭다." "실제로 제이슨 본 같은 인물이 가능하다고 봅니까?"

발없는새는 젊은 남성 크리에이터다. 블로그를 운영하던 중 유튜버처럼 도전해보고 싶었지만 망설이고 미루다 뒤늦게 시작했다고 한다.

개봉예정인 게임원작영화

여기서는 마블의 히어로물에 대해 시청자들이 많이 찾는다. 특히 그의 목소리를 좋아한다는 반응이 많아 자신도 몰랐던 자기 매력을 발견했다고 한다. 그의 목소리는 차분하면서도 호소력이 있다.

그는 앞으로 전문채널로 성장하는 게 꿈이다. 혼자 운영하는 게 아니라 여러 사람이 참여해 더 많은 영화들을 소개하고 싶다고 밝혔다.

시선플레이

● "영화 「일대종사」에는 이런 대사가 나옵니다. '쿵푸는 두 단어로 말할 수 있다. 수평과 수직! 지는 자는 수평이 된다. 최후에 수직으로 서 있는 자가 승리하는 것이다. 이는 단지 대사로만 끝나는 것이 아닙니다. 이 영화의 영상은 승자와 패자를 수직과 수평 구도로 보여줍니다. 신체를 수평과 수직으로 묘사하기 위해 인위적인 편집 대신 영상의 빠르기를 조절했습니다."

동영상 채널 시선플레이의 영상 '수직과 수평이 만든 움직임 - 「일대종사」(양가위)' 중 한 대목이다. 이 채널은 영화의 미학에 대한 다양한 시선을 영상으로 풀어낸다. 채널을 운영하는 1인 크리에이터 김시선은 화면 구도나 촬영 기법 등 다양한 측면에서 영화를 분석한다. 대중

수평(一)과 수직(丨)

영화 「일대종사」 중 왕가위. 시선플레이는 영화의 미학에 대한 다양한 시선을 영상으로 풀어낸다. 1인 크리에이터 김시선은 화면 구도나 촬영 기법 등 다양한 측면에서 영화를 분석한다.

을 타깃으로 하는 일반 TV 영화 프로그램이 속속들이 다루지는 못하는 분야다.

김시선은 "그동안엔 글을 통해 영화를 소개하거나 장면을 설명했지만, 시각 매체를 글로 옮기는 것에는 한계가 있었다"며 "유튜브를 비롯한 영상 플랫폼을 통해 영화를 영상으로 소개할 수 있는 환경이 조성됐고 이를 잘 활용하면 더 많은 관객에게 양질의 정보를 제공할 수 있겠다는 생각에 방송을 시작하게 됐다"고 말했다.

그의 영화 해설은 작품 한 편에 대한 나름의 분석부터 문화적 맥락에 기반한 논의까지 다양하다. 그는 "오프라인 상에선 영화 일대종사의 화면을 분석한 것이 반응이 좋았고 온라인상에서는 '인도영화는 왜 춤을 추는가?'라는 영상이 인기를 끌었다"고 말했다. 영상은 할리

그의 영화 해설은 작품 한 편에 대한 나름의 분석부터 문화적 맥락에 기반한 논의까지 다양하다.

우드와 양대 산맥을 이룬다는 인도 발리우드의 영화를 소재로 발리우드 영화에서 흔히 볼 수 있는 춤에 대한 정보를 전했다.

이 채널의 목적은 대중성 확보가 아니다. 김시선은 "인기를 추구하지 않는다"며 "오로지 구독자들과 영화의 숨겨진 이면을 공유하고 서로 주장에 대한 첨삭과 비판을 하면서 더 깊이 있는 영화 수다를 떠는 것이 목적"이라고 강조했다.

그는 "영상을 만들기 위해 고민하고 편집하는 시간이 가장 힘들다"고 말했다. 새벽 내내 컴퓨터에 앉아 아픈 허리를 부여잡고 편집하는 일도 잦다는 설명이다. 마냥 힘들기만 한 것은 아니다. 그는 "재미있고 유익하게 봤다는 말을 들으면 통증이 사라진다"고 했다.

이 채널에 대한 운영 목표도 유익한 정보를 계속해서 제공하고 싶

이 채널의 목적은 대중성 확보가 아니다. 김시선은 "인기를 추구하지 않는다"며 "오로지 구독자들과 영화의 숨겨진 이면을 공유하고 서로 주장에 대한 첨삭과 비판을 하면서 더 깊이 있는 영화 수다를 떠는 것이 목적"이라고 강조했다.

다는 것이다. 김시선은 "빠르고 쉽고 금방 소비하는 콘텐츠가 요즘의 대세지만 그런 환경 속에서도 여백과 유익함을 주는 콘텐츠를 만들고 싶다"며 "영화를 취미에서 특기로 살릴 수 있도록 도와주는 콘텐츠를 꾸준히 선보일 것"이라고 말했다.

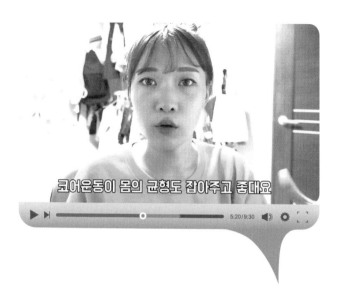

코어운동이 몸의 균형도 잡아주고 좋대요

5:20/9:30

여정을떠난여정

● "제가 최근 인생 최고의 몸무게를 찍었어요. 남자친구가 '예쁘다, 예쁘다' 해주는 사이에 이것저것 먹다 보니…… 어찌해야 하나 고민하다가 집 근처 헬스장에 상담을 갔습니다. 운동을 해서 살을 빼려고요. 제가 살을 잘 뺄 수 있도록 여러분이 기도해주세요. 운동 할까 말까 고민하시는 분들, 여름이 얼마 안 남았어요. 빨리 시작하세요."

'여정을떠난여정'이라는 이름으로 동영상 채널을 운영 중인 1인 크리에이터는 선여정이다. 마치 친한 친구가 앞에서 조잘조잘 수다를 떠는 것 같은 영상이다.

동영상에서는 "애들아, 으앙 ㅜㅜㅜ 나 드디어 헬스해유!!! 호호 응원해줘. 나 잘할 수 있겠지?" 등 또래 친구에게 보내는 듯한 메시지를 넣

'여정을떠난여정'이라는 이름으로 동영상 채널을 운영 중인 1인 크리에이터는 선여정이다. 마치 친한 친구가 앞에서 조잘조잘 수다를 떠는 것 같은 영상이다.

어 친근감을 살렸다. 시청자들이 단 댓글도 비슷한 분위기다. 선여정을 '언니'라고 부르며 응원하는 메시지가 이어진다. '만우절 장난이 아니냐?'는 장난스런 농담도 보인다.

그는 비슷한 소재의 영상을 꾸준히 올리며 시청자들의 공감을 이어갔다. 다이어트에 관한 각종 질문을 모아 영상을 통해 답변한다. 다이어트를 포기하지 말고 함께하자고 말한다. 그는 자신의 다이어트 식단을 소개하고 다이어트가 힘들다는 시청자에게 응원의 메시지를 전한다.

선여정은 말한다. "어릴 때부터 영상이나 사진에 스스로를 담는 게 너무 재미있고 행복해 자연스레 1인 동영상을 제작하게 됐어요. 팬들이 늘면서 좀 더 책임감을 갖고 동영상을 올리고 있어요."

수업시간에 자는 유형

그는 고등학생 때부터 다양한 동영상을 올려왔다. '수업시간에 간식 먹는 학생들의 유형' '증명사진 찍을 때 공감' '남자 고등학교와 여자 고등학교의 차이점' 등 일상에서 시청자들의 공감을 살 수 있는 콘텐츠를 올려 인기를 끌었다.

남자친구와의 데이트 등 자신의 일상을 소재로 동영상을 제작하기도 한다. 그는 "수능이 끝난 뒤 아빠와 함께 춤을 추는 영상 등 재미있는 영상이 인기를 끌고 있다"며 "주변에선 네가 언젠간 재미있는 아이로 사람들에게 알려질 줄 알았다고 말해주는 사람들이 많다"고 설명했다.

그는 촬영이나 편집 등 기술적인 부분에서 부족하지만 일상에서 쉽게 찾을 수 있는 방법으로 영상 효과를 내고 있다. 가령 얼굴에 개나 고양이의 형상을 합성해주는 스마트폰 애플리케이션 등을 활용하곤 한다.

스탑환

● '여자 친구 생일선물로 안개꽃을 사주다!' '여자 친구와 몰래 라면 먹기' '강아지 카페 데이트' '만약 여자 친구가 우리 집에 이사 온다면' 등. 1인 크리에이터 스탑환 채널에 올라온 영상의 제목이다. 대부분 20대 커플의 알콩달콩한 이야기를 다룬다.

스탑환의 운영자 정지환은 앞서 소개한 선여정의 남자친구다. 서로 주고받은 선물부터 함께 간 여행, 일상에서 겪은 에피소드 등 둘 사이에서 일어나는 일을 영상에 담고 있다. 그는 "아무래도 여자 친구인 선여정과 함께하는 영상이 가장 인기가 많다"며 "젊고 솔직한 커플이라는 점이 인기 비결인 것 같다"고 말했다.

연애를 소재로 독특한 영상을 찍기도 한다. '여자 친구와 서로 화장

'여자친구의 생일 선물로 안개꽃을 사주다!' 스탑환의 운영자 정지환의 여자 친구는 선여정
이다.

스탑환의 운영자 정지환은 선여정의 남자친구다. 서로 주고받은 선물부터 함께 간 여행, 일상에서 겪은 에피소드 등 둘 사이에서 일어나는 일을 영상에 담고 있다.

해주기 챌린지' 영상에선 선여정과 마주 앉은 채 서로 눈을 가리고 상대방에게 화장을 해준다. 짙은 '짱구' 눈썹에 아이라인이 여기저기 번져 있지만 자연스러운 모습을 영상에 그대로 보여줬다.

시청자들은 대부분 "가식 없는 모습이 예쁜 커플"이라는 반응을 보인다. '여자친구 생일 선물로 안개꽃을 사주다!'라는 영상은 정지환이 선여정에게 안개꽃 다발을 사주는 과정을 영상에 담았다.

쿡방이나 먹방 등 영상도 대부분 여자 친구와 함께하는 것들이다. 일본 시리얼 먹기, 직접 구워먹는 돈까스 음식점 소개 등을 선여정과 함께 촬영했다. 데이트 과정을 가감 없이 담은 영상에 여러 네티즌이 '맛집이 어딘지 궁금하다'는 등의 댓글을 달았다.

그는 "제가 기획하고 준비한 만큼 영상이 나오지 않을 때 힘들다"며

(홍대 데이트 진짜 오랜만..)

"영상 제작을 열심히 해서 나만의 콘텐츠를 보이는 것이 목표"라고 말
했다.

디바 제시카

● 디바 제시카는 라이브 영어 교육 방송으로 2017년 1월 기준 유튜브에서 70만 명 이상의 구독자를 보유하고 있다. 기존 영어교육 방송과는 다르다. 일상적인 수다를 떨거나 공포영화 감상, 연예계 뉴스 등 엔터테인먼트 분야를 접목해 큰 인기를 얻었다. 교육(에듀케이션)과 엔터테인먼트를 합친 '에듀테인먼트' 콘텐츠인 셈이다.

그녀는 매일 밤 아프리카TV에서 1시간 40분에서 1시간 50분가량 토크쇼를 진행한다. 충분한 자료 조사를 통해 스크립트를 준비한 뒤 애드립을 섞는 방식이다. 사회 정치 현상에 관한 뉴스와 이슈거리들로 주제를 삼는다. 가령 아동 성폭행범 소두순, 피라미드 사기범 조희팔, 최순실 게이트의 민정수석 우병우 등 이슈들에 관해 얘기한다. 댓

[모바일] 먹방! 파스타 만들어먹자! 알리오올리오 (청정원 소스) | 디바제시카

디바 제시카 먹방. 알리오 올리오 파스타를 만들어 먹는 모습.

글 때문에 자살한 연예인을 소개하고 위안부 할머니에게 악플을 단 네티즌들에게 경고를 하면서 선플 운동을 장려하기도 한다. 조두순에 대해서는 "조두순 개새끼"라고 욕설을 서슴지 않는다.

디바 제시카는 토크쇼에서 옆집 언니나 누나처럼 솔직하고 친근한 수다로 시작한다. 입고 있는 옷과 액세서리를 자랑하고 성형, 쇼핑, 반려견을 얘기한다. 언니와 카페에서 만나 대화하듯 자연스럽게 진행한다. 토크쇼 내내 웃음이 가시질 않는다. 그는 자신의 나이를 솔직하게 밝히고 스스로 망가지기도 한다. 화장에 티가 난다고 하자 화장을 직접 고친다.

디바 제시카는 이처럼 격의 없이 솔직하게 진행하는 게 매력이다. 특히 실시간 채팅을 할 때는 구독자들의 질문에 대답을 즉각 내놓기도 한다. 1시간 정도 수다를 떨고 난 뒤 주제를 본격 다룬다.

디바 제시카는 외국인이 신기해하는 한국물건 10가지를 얘기하고 있다.

'공포의 토요미스테리' 코너에서는 공포 영화를 감상하면서 소개한다. 가령 할리우드 공포영화 「블레어 위치」에 대한 정보를 미리 알려주고 운영자가 시사회에 직접 참석해 영화를 보면서 깜짝 놀라는 표정의 리액션 영상까지 공개한다.

영어회화 코너에서는 미국의 명연설이나 미국 드라마의 대사 등을 얘기한다. 한국인들의 호기심을 불러일으킬 만한 미국 문화, 미국인들이 생각하는 한국의 특이한 물건과 음식들도 알려준다.

해외 항공사를 소개하고 해외 여행도 나선다. 가령 아랍에미리트 '에티하드ETIHAD' 항공사의 '집사 서비스'를 소개하면서 "어느 항공사도 아직까지 이런 수준의 서비스를 제공하고 있지 않다"며 놀라워한다.

'대만 여행' 편에서는 랍스타 식당에 들러 음식을 소개한다.

그녀는 자신의 뛰어난 몸매를 관리하는 비결도 알려준다. 해박한다이어트 관련 지식과 운동 방법 등을 소개한다.

시청자들은 디바 제시카에 대해 "유익한데다 섹시하기까지 해서 좋다"고 입을 모은다. 볼륨 있는 몸매와 예쁜 얼굴이 남성들의 시선을 붙드는 것이다. 그녀는 몸매를 드러내는 타이트한 옷차림에다 귀여운 토끼춤 등으로 애교를 더해준다. 어느 날 의자에 앉은 상태로 몸을 흔들다 노출 사고까지 일으켰다. 그녀는 천연덕스럽게 "못 봤으면 다시 보기 하면 돼요."라고 했고 시청자들은 "쿨하기까지 하다"며 열광했다. 그녀는 성형은 "코만 했다"고 공개했다.

영어를 유창하게 하지만 정식 '유학파'는 아니다. 초중고 대학은 모두 한국에서 나왔다. 영어 통번역을 전공한 그녀는 방학 때마다 미국으로 가서 식당 매니저, 영한번역 등 다양한 아르바이트를 하며 현지 문화를 익혔다.

한때 외국계 금융회사 컨설턴트로 일했다. 밤샘근무를 자주하다 보니 탈이 났다고 한다. 그 무렵 그녀는 아프리카TV의 먹방 애청자였다. 그러다 문득 나도 잘할 수 있을 것 같다는 생각이 들었다. 영어 가르치는 일에 재미있는 요소를 넣으면 되겠다고 생각했다.

'언어란 즐기는 것'이란 바탕 위에 연예계 뉴스, 술자리에서 쓸 수 있는 영어회화, 시사뉴스로 배우는 고급 영단어, 유령 이야기, 미스터리 등 흥미요소를 접목했다.

그녀는 한 언론과의 인터뷰에서 이렇게 말했다. "제가 하고 있는 영어교육이 대중에게 새로운 패러다임으로 자리 잡았으면 좋겠습니다. 저는 영어를 잘 가르치는 사람이 되기보다 제 방송을 보면서 나도 영어를 잘할 수 있겠다 하는 희망을 주는 사람이 되고 싶어요."

게임

대도서관

● 비가 오는 도시의 밤거리. 야쿠자인 주인공과 다른 조직원 두 명이 혈투를 벌인다. 주인공은 적들이 휘두르는 골프채를 피한 다음 도로 위 고깔 모양의 차량통제용 라바콘(고깔콘)을 집어 적을 때려 쓰러뜨린다. 적들이 다시 일어나자 주인공은 상점의 깃발로 때린다. 스크린 우측 상단에 자리잡은 진행자는 이 장면을 재미있게 중계한다.

"야 인마, 내가 나중에 돈 갚아준다고 하잖아. 근데, 골프채까지 갖고 와서 휘둘러? 꼬깔콘으로 맞아봤냐. 어, 이 자식 봐라, 싸움 좀 하네. 이번엔 깃발로 맞아봐. 내 별명이 삼돌이야. 이건 비겁한 게 아니야. 싸울 땐 물불을 가리지 않아. 스트리트 파이터란 이런 거야. 퍽 퍽 퍽."

대도서관이 진행하는 코믹 게임 「용과 같이 극」 3화 내용이다. 대도서관은 국내 최고의 1인 콘텐츠 창작자 혹은 BJ로 불린다. 그는 게임을 재미있게 해설해 이른 시일에 100만 명 이상의 구독자를 확보했다.

그의 본명은 나동현이다. 어릴 때 라디오 PD가 꿈이었던 그는 한마디로 '라디오 덕후(마니아)'로 성장했다. 2002년 인터넷 세이클럽 라디오 방송 진행자로 일하면서 콘텐츠 기획자들에게 매료돼 자신도 기획자가 되기로 결심했다. 타이밍이 좋았다. 인터넷 강의가 도입된 초창기에 모든 인터넷 강의를 다 외주로 제작하다 보니 비용이 너무 많이 들었다. 그렇다고 내부 제작 시스템으로 끌어들이자니 PD들의 몸값이 너무 높았다.

그는 강의 콘텐츠를 제작해달라고 제안받았다. 그는 무조건 하겠다고 하고 밤낮으로 열심히 독학해서 배웠다. 당시 동영상 촬영, 연출, 편집, 기술 등을 배운 게 1인 크리에이터로 성공하는 데 큰 도움이 됐다. 그가 게임 방송에 뛰어든 이유는 게임을 직접 하지 않더라도 타인이 하는 게임을 '보고 싶어'하는 욕망을 주목했기 때문이다. 대부분의 사람들은 어렸을 때 형이나 동생이 게임하는 것을 재미있게 지켜본 경험이 있다는 데 착안했다.

그는 수많은 게임을 해설한 경험을 바탕으로 인기 있는 게임의 특징을 이렇게 요약한다.

첫째, 화면은 단순하면서도 명료하다. 화면 구성이 깔끔하고 직관적이면 시청자들이 복잡하게 생각할 필요가 없기 때문이다.

둘째, 이해하기 쉬운 스토리 라인이다. 스토리 라인이나 게임의 구

대도서관은 국내 최고의 1인 콘텐츠 창작자 혹은 BJ로 불린다. 그는 게임을 재미있게 해설해 이른 시일에 100만 명 이상의 구독자를 확보했다.

조가 단순해 별다른 설명 없이도 시청자들이 이해할 수 있어야 한다.

셋째, 텍스트보단 이미지 위주로 구성돼 있다. 잘 보이는 화면과 단순한 구조를 갖기 위해서는 이미지 위주로 구성하는 것이 효과적이다.

넷째, 여백의 미가 필요하다. 시청자들이 콘텐츠 사이 사이에서 잠시 쉬어갈 수 있도록 BJ가 긴장을 풀어줘야 한다.

나동현은 시청자들과 함께 스토리텔링을 할 수 있는 게임을 선호한다. 너무 잘 만들어진 게임은 스토리 구성과 엔터테인먼트적 요소가 탄탄해서 자신이 할 게 없기 때문이다.

다섯째, 유머와 코믹 요소가 필요하다. 예능성을 만들어낼 수 있는 유머 코드가 곳곳에 스며 있다.

여섯째, 소통이 중요하다. 어떤 게임은 잘 만들어졌음에도 시청자들의 반응이 좋지 않고 어떤 게임들은 버그투성이지만 시청자들의 반응이 좋다. 그것은 시청자와 소통할 수 있느냐가 관건이라고 지적했다.

소통의 핵심은 예능성이다. 게임에 예능성이 가미되면 함께 떠들고 노는 소통의 재미가 생긴다. 시청자들은 자신의 지시대로 BJ가 따랐는데 그것이 맞았거나 자신이 요구한 전략을 BJ가 사용해 장애물을 돌파했을 때 굉장한 카타르시스를 느낀다.

나동현은 시청자들과 함께 스토리텔링을 할 수 있는 게임을 선호한

그의 성격은 원래 까불거리면서 활발한 편이다. 어릴 때는 주변 사람을 웃기는 걸 인생 최고의 목표로 삼았다. 그는 어릴 때부터 영화, 책, 만화책 등을 보는 걸 즐겼는데 그것이 스토리 패턴, 등장인물 관계, 스토리텔링을 하는 아이디어의 원천이 됐다.

다. 너무 잘 만들어진 게임은 스토리 구성과 엔터테인먼트적 요소가 탄탄해서 자신이 할 게 없기 때문이다. 개입할 여지가 많고 자유롭게 할 수 있는 오픈월드 게임을 좋아한다. 게임을 선택하면 합당한 콘셉트를 설정해 진행한다. 예를 들어 스토리 중심형 게임이라면 스토리에 더 몰입할 수 있도록 더빙이나 연기를 한다. 예능적 요소를 넣으면 사람들이 더 드라마틱하게 받아들인다.

　그는 한 언론과의 인터뷰에서 시뮬레이션 게임을 할 때 자신만의 스토리텔링을 한다고 소개했다. 대부분의 시뮬레이션 게임은 원래 스토리가 없다. 하지만 이 국가는 나의 적, 이 국가는 나의 친구 등으로 설정해서 진행한다. 가령 "나폴레옹 형님, 아우가 왔습니다. 형님 잘 지내시죠?"라고 말한다. 적에게는 "네 놈이 말로만 듣던 그 놈이냐?"

라는 식으로 말해 게임을 더 드라마틱하게 해설한다.

'대도서관'이라는 이름은 「문명」이라는 게임을 방송할 때 탄생했다. 게임 안에서 '알렉산드리아 도서관'을 지으면 스킬 하나가 공짜여서 그 도서관을 짓고 싶어했다. 알렉산드리아 도서관의 애칭이 '대도서관'이다. 그런데 글로벌 시장에 진출할 경우 이름이 너무 어렵다고 했다.

그의 성격은 원래 까불거리면서 활발한 편이다. 어릴 때는 주변 사람을 웃기는 걸 인생 최고의 목표로 삼았다. 그는 어릴 때부터 영화, 책, 만화책 등을 보는 걸 즐겼는데 그것이 스토리 패턴, 등장인물 관계, 스토리텔링을 하는 아이디어의 원천이 됐다.

그가 말하는 성공 비결은 무엇일까. 성실함이다. 콘텐츠를 적어도 3일에 하나는 올려야 한다는 것이다. 사람들이 관심 있는 주제를 잡아 자신의 개성을 담아야 한다. '내가 다른 콘텐츠보다 잘 만들 수 있을까?' 걱정할 필요는 없다. 일단 꾸준하고 성실하게 자신의 콘텐츠를 생산하는 게 중요하다고 강조했다.

콘텐츠 방송은 우선 주문형비디오VOD를 위주로 하는 유튜브로 시작한 뒤 생방송을 하는 아프리카TV 등으로 옮기는 게 바람직한 수순이라고 조언한다. 생방송은 시청률 경쟁이 치열해 진행력이 중요하기 때문. 시청자들로부터 욕설이 갑자기 튀어나올 수도 있어 유튜브에서 멘털 관리를 연습해야 한다.

게임해설 콘텐츠는 타깃인 아이들과 소통할 수 있는 게 필수적이라고 강조한다. 부모들은 자기 아이가 좋아하는 것을 잘 모른다. 아이들과 직접 놀아보지 못하기 때문이다. 하지만 그는 아이들의 문화를 공부하기 때문에 그들과 소통할 수 있다고 한다. 아는 만큼 소통이 되고 그 소통이 이어지면 친밀감과 신뢰로 이어진다는 것이다.

좋은 콘텐츠 기획자가 되려면 한 가지에 대해서만 너무 깊이 알 필요는 없다고 한다. 넓지만 얕은 지식이 중요하다. 다양한 분야를 폭넓게 알아야 서로 다른 지식들을 융합해 새로운 게 나온다. 거대한 도서관 안에 책을 다 읽지는 못해도 그 책이 어디 있는지 아는 사람이 좋은 기획자가 될 수 있다고 조언한다.

그의 꿈은 글로벌 시장 진출이다. 하지만 그는 영어를 못한다. 그래서 영유아 키즈를 타깃으로 삼았다. 어린 아이들한테는 언어보다 그들이 관심 있어 하고 좋아하는 걸 보여주는 게 더 중요하다.

그는 '언클uncle 대도'를 설립했다. 쉽게 말해 언박싱unboxing 콘텐츠를 방송하는 것이다. 언박싱이란 뜯지 않은 제품을 직접 개봉하는 것을 말한다. 예를 들어 콘텐츠에 대해 직접 박스를 뜯어보면서 "구성은 이렇습니다." 식으로 보여준다. 게임뿐 아니라 만화, 영화, 완구까지도 폭넓게 적용할 수 있는 분야라고 귀띔했다.

도티

● '도티 간수와 5인의 범죄자들' 편을 클릭한다. 도티 간수가 다섯 명의 죄수들에게 각자 자신의 감방에 들어가라고 명한다. 그런데 죄수들의 면면이 다채롭다. 불을 끄기 싫어하는 소방관, 연구소를 파괴한 과학자, 빨간 사과를 두려워하는 요리사 등 저마다 이상한 죄목으로 들어왔다.

도티 간수는 "왜 죄수가 됐냐?"고 묻고 답변이 성실하지 못하면 각종 무기로 한 방씩 때린다. 감방을 탈출하려 할 때도 한 방씩 때린다. 스크린 앞에는 도티 간수의 활, 칼, 몽둥이 등 무기가 놓여 있다. 도티 간수는 게임을 위해 교도관 몰래 죄수들에게 탈출할 시간을 준 뒤 잡으러 가겠다고 말한다. 과연 죄수들은 탈출할 수 있을까? '경찰과 도

경찰관과 도둑 1편. 도티 간수와 5인의 이상한 범죄자들. 도티의 운영자는 나희선이다. 연세대 법대 출신인 그는 로스쿨을 포기하고 취업을 준비하다가 창업을 결심했다. 초등학교 1학년부터 6학년까지 「마인크래프트」를 즐기고 있다는 점에 착안해 이들을 타깃으로 한 예능 프로그램을 제작하기로 했다.

둑' 시리즈 첫 편 다음 편부터는 '탈옥' 편이 차례로 전개된다.

게임이 진행되는 동안 죄수의 대답은 각양각색이다. 죄수들의 목소리도 저마다 다르다. 여러 사람들이 캐릭터로 참여해 돌발 상황에 대처하는 포맷이다.

도티는 「마인크래프트」 게임을 재미있게 해설하는 크리에이터 BJ다. 「마인크래프트」 게임은 캐릭터들의 생김새가 레고블록을 닮았다고 해서 '게임계의 레고'로 통한다. 대부분의 게임은 개발자가 만들어 놓은 세계에서 정해진 규칙을 지키며 논다. 하지만 「마인크래프트」는 유저들에게 그저 거대한 놀이터를 제공할 뿐이다. 캐릭터들이 이야기를 스스로 빚어가야 한다. 자유도가 높은 게임을 일컫는 '샌드박스 게

도티는 「마인크래프트」 게임을 재미있게 해설하는 크리에이터 BJ다. 「마인크래프트」 게임은 캐릭터들의 생김새가 레고블록을 닮았다고 해서 '게임계의 레고'로 통한다.

임'에 걸맞다.

집을 짓거나 식물을 재배하거나 술래잡기 놀이를 할 수 있다. 매일매일 긴장감 넘치는 생존게임을 즐길 수도 있다. 「마인크래프트」는 한때 10대들 사이에서는 문화로 자리잡을 정도로 널리 유행됐다. 마이크로소프트는 2014년 「마인크래프트」의 개발사인 모장을 2조 5,000억 원에 인수했다.

도티의 운영자는 나희선이다. 연세대 법대 출신인 그는 로스쿨을 포기하고 취업을 준비하다가 창업을 결심했다. 초등학교 1학년부터 6학년까지 「마인크래프트」를 즐기고 있다는 점에 착안해 이들을 타깃으로 한 예능 프로그램을 제작하기로 했다. 조악해 보일 수 있지만 독창적인 화면 구성을 지향하고 유튜브 특유의 감수성을 이해한다면 성공

「마인크래프트」 모드 상황극. 습격받은 마을.

할 것으로 확신했다.

예상은 적중했다. KBS 2TV의 인기 예능 코너 '위험한 초대'를 모티프로 삼아 제작한 영상이 조회 수 50만 건을 기록해 '대박'을 터뜨렸다. 이후 전직 아나운서 '퀸톨', 미술 강사 '쁘띠허브' 등의 유튜버 동료들과 함께 수많은 동영상을 제작했다. 편당 평균 조회 수는 10만 건 이상을 지속했다.

그는 성공 비결에 대해 '재미'와 '모험 정신'을 꼽았다. 자신이 재미있어 하는 일을 꾸준히 하다 보면 공감하는 사람이 분명히 생긴다고 강조했다. 처음에는 핀잔을 주던 친구들도 관심을 갖게 된다는 것이다. 크리에이터가 되려면 1년간 미칠 각오로 뛰어들어보라고 권한다.

'친절함'과 '소통'도 또 다른 인기 비결이다. 도티는 절대 욕설이나 비속어를 사용하지 않는다. 방송할 때 나오는 반응은 가급적 모두 읽고 피드백을 준다. 그는 "심의를 받지 않지만 누구나 즐길 수 있는 콘텐츠를 만들고 싶다"고 말한다. 사용자들이 원하는 콘텐츠를 빨리 제작하고 쓴소리는 겸허히 받아들여 콘텐츠를 개선한다고 했다. "당장의 트래픽과 구독자들을 위한 자극적인 방송보다는 장기적인 안목에서 완성도 높은 콘텐츠로 채널을 운영해야 한다"고 말했다.

그는 특히 초등학생용 콘텐츠를 만드는 데 자부심이 있다. 초등생들은 콘텐츠 사각지대에 있다. 과거에 비해 많은 미디어에 노출돼 있지만 이들을 위한 콘텐츠는 부족하다. 경제 활동이 가장 취약한 세대이기 때문이다.

그는 2015년 11월 구글코리아 출신 이필성 대표와 MCN 회사 샌드박스 네트워크를 설립했다. 이 대표가 비즈니스 업무를 맡고 나희선은 CCO최고콘텐츠책임자로 크리에이터 육성과 콘텐츠 전략을 맡았다. 미국에서 열린 온라인 비디오 콘퍼런스 행사에 참석한 게 계기였다. 그곳에서 거대한 북미권 MCN 시장을 직접 눈으로 확인한 후 회사를 설립하기로 결심했다.

잠뜰

● 잠뜰은 도티의 크루(게임 참여자)로 인연을 맺은 뒤 독립한 크리에이터다. 도티가 연세대 법대 출신인 데 비해 잠뜰은 고려대 이공계열을 나왔다. 둘 다 명문대 출신이란 점에서 세간의 화제가 됐다. 둘은 기본적으로 「마인크래프트」 게임 즐기기란 점에서 같다. 하지만 메인 진행자가 도티의 경우 남성이라면 잠뜰은 여성이다. 잠뜰은 가상현실 게임 즐기기를 대거 도입해 차별화를 시도한다.

가령 특이한 장애물을 피해 달리는 가상현실 게임을 해보자. 동물 복장을 한 채 가상현실 안경을 쓴 진행자가 영상 속으로 뛰어든다. 장애물이 나타나면 온몸을 다해 피한다. 담벼락 사이에 있는 구멍을 통과하면 된다. 하지만 장애물 공과 충돌해 다시 원위치가 된다. 진행자

나는 간다! 잠뜨으리!

잠뜰

잠자는 것이 세상에서 제일 좋아!
매사에 시큰둥한 척하지만
알고 보면 친구들을 잘 챙기는
샌드박스프렌즈의 말괄량이 크리에이터!

잠뜰은 다양한 상황에서 다양한 캐릭터로 참여한다. 각종 상황에서 각본 없이 행동한다. 우리의 일상적인 사고를 그대로 드러낸다. 내 모습의 일부도 누군가의 반응으로 나타난다. 자연스럽게 자신도 게임에 동참한 느낌을 갖게 된다. 시청자들은 대리체험을 느낀다.

의 모습은 왼쪽 상단에 작은 화면으로 나타난다. 두 진행자가 번갈아가며 동일한 코스에 도전한다.

가상현실 롤러코스터게임도 비슷하다. 잠뜰은 심장이 약해 다른 여자를 대신 캐스팅한다. 롤러코스터가 속도를 내거나 회전을 할 때 가상현실 안경을 쓴 여성 체험자는 소리를 지르거나 온몸을 뒤튼다. 또 다른 여성 체험자는 고개를 푹 수그린 채 괴성을 지른다. 화면의 절반은 게임 내용이고 나머지 절반은 체험자의 행동을 보여준다. 스크린 밖 다른 진행자들은 체험자의 행동을 보면서 깔깔 웃는다.

이번에는 「마인크래프트」 볼링게임 편을 보자. 여러 명의 참여자들은 모두 한 번도 볼링을 안 해봤다고 고백한다. 하지만 볼을 굴리면서 배우기로 했다. 모두가 실수의 연속이다. 스트라이크는 어렵다. 두 번 만에라도 핀을 다 쓰러뜨리면 칭찬한다. 때로는 핀잔을 주기도 하고 때로는 격려하면서 한 바탕 게임을 즐긴다.

잠뜰은 다양한 상황에서 다양한 캐릭터로 참여한다. 각종 상황에서 각본 없이 행동한다. 우리의 일상적인 사고를 그대로 드러낸다. 내 모습의 일부도 누군가의 반응으로 나타난다. 자연스럽게 자신도 게임에 동참한 느낌을 갖게 된다. 시청자들은 대리체험을 느낀다.

체험자나 진행자들의 복장도 평범하다. 티셔츠에 반바지 혹은 청바지 등을 입고 나온다. 화장기도 없는 수수한 얼굴들이다. 바로 내 친구나 가족처럼 친근하다. 시청자들은 기회가 된다면 자신도 게임 속에 뛰어들고 싶은 욕구를 느낀다. 그들과 함께 위트와 유머를 나누고도 싶어진다.

잠뜰은 "다양한 상황에서 다채로운 캐릭터를 통해 여러 가지 체험을 즐길 수 있는 게 인기 비결"이라고 말했다. 잠뜰TV에서 시청자들은 마치 영화를 보면서 세상을 간접 체험하는 느낌을 얻는다는 것이다. 구독자 댓글도 각양각색이다. "저 지금 5학년인데 2학년 때부터 잠뜰 님을 봐왔어요.""저 오늘 새벽에 열이 40도 나왔어요. 제게 힘을 주세요."

잠뜰 이야기를 하다가 「포켓몬고」로 옮겨가기도 한다. "제가 가평에서 「포켓몬고」 깔았는데 됐어요. 위치도 잘 잡고. 그런데 와이파이가 있어야 합니다.""조심하세요. 바이러스가 많대요." 잠뜰은 수많은 구독자들의 게임 정보 마당으로 진화하고 있다.

양띵

● 양띵은 국내 게임 크리에이터 최초로 100만 구독자를 돌파한 1인 크리에이터다. 특히 초등학생들에게 이른바 '초통령(초등학생들의 대통령)'으로 불렸다. 송재룡 대표와 함께 2015년 1월 MCN 전문기업인 트레져헌터를 창업했다.

양띵은 2017년 기준 만 27세 여성이다. 본명은 양지영이다. 본래 자신의 성인 '양'과 떨떨하다는 별명 때문에 '양떨떨'이란 닉네임을 사용하였으나 부르기 어려워서 '양띵'으로 바꿨다고 한다. 아프리카TV에서 양띵(YD)이라는 닉네임으로 활동했고 2012년에는 아프리카TV 방송대상 일반부문 대상을 수상했다.

양띵이 주목받기 시작한 것은 「마인크래프트」 게임을 소재로 한 방

양띵은 국내 게임 크리에이터 최초로 100만 구독자를 돌파한 1인 크리에이터다. 특히 초등학생들에게 이른바 '초통령(초등학생들의 대통령)'으로 불렸다.

송을 통해서다. 그녀는 자신의 개인 생활 이야기를 담은 '리얼 라이프'와 장난감을 소재로 한 '또이채널'도 운영하고 있다. 그녀가 운영하는 채널들은 2016년 5월 기준 조회 수 10억 건을 넘겼다.

그녀는 한 언론과의 인터뷰에서 "여성 BJ가 진행하는 게임 콘텐츠라는 차별성이 인기 정착에 도움을 줬다"고 말했다. 그가 방송을 시작했을 당시만 해도 양띵처럼 게임 콘텐츠를 다루는 여성 BJ가 드물었다는 얘기다.

재미있는 말솜씨도 인기 비결이다. 그녀는 "원래부터 게임과 주위 사람들에게 재미있는 이야기를 들려주는 것을 매우 좋아했다"며 "게임과 이야기를 함께 아우를 수 있는 것이 인터넷 방송"이라고 말한다.

양띵의 콘텐츠 중 가장 많은 인기를 끈 것은 「마인크래프트」 게임을

'핵전쟁'이라는 콘텐츠로 아프리카TV 방송 대상을 받았다. 당시 동시접속자는 최고 5만 명을 기록했다.

활용한 '감옥탈출'. 국내에서만 약 400만 조회 수를 기록했다. '감옥탈출'은 철저한 기획을 통해 만들어진 결과물이다. 예능 프로그램 중 인기가 많은 「런닝맨」 형식을 차용했다. 여기에 인터넷에서 유행하는 상황극을 다양하게 연출해 영상을 제작했다. '핵전쟁'이라는 콘텐츠로 아프리카TV 방송 대상을 받았다. 당시 동시접속자는 최고 5만 명을 기록했다. 「마인크래프트」 게임 안에서 국가를 만들어 전쟁을 하는 시나리오를 짜 실시간으로 생방송 중계를 했다.

양띵은 크리에이터로서의 원칙으로 '꾸준함'을 중요하게 여긴다. 유튜브 채널을 운영한 지 약 3년이 됐는데 지금껏 콘텐츠를 업로드하지 않은 기간을 다 합쳐도 일주일이 채 되지 않을 정도다. 단기적인 인기에는 크게 연연하지 않았다. 가끔 갑자기 조회 수가 줄어들 때가

양띵의 목표는 '즐기는 것'이다. "지금까지는 크리에이터로서 정상이 되기 위해 달려왔다면 이제는 크리에이터 자체를 하나의 직업으로 즐기고 싶다"고 말한다. 새로운 목표도 생겼다. '크리에이터 멘토'다. 최근에는 1인 창작자 전문교육 과정 프로그램 등에 강사로 나서고 있다.

있었지만 고정 팬을 생각해 꾸준히 방송을 찍어 올렸다.

콘텐츠를 기획할 때도 꾸준함을 잃지 않았다. 원래 주력 콘텐츠인 게임 외에 다른 주제로 방송을 하고 싶을 때도 채널 내용을 바꾸지는 않았다. 대신 새 채널을 추가했다. 게임하는 것과는 다른 모습을 솔직하게 보여주는 일상생활 콘텐츠가 그런 예다. 그녀는 '대먹녀(대신 먹는 여자)'란 프로그램을 시리즈로 진행 중이다. 체인 레스토랑이나 브랜드에서 신 메뉴가 나올 때마다 직접 먹어보며 리뷰를 하는 콘텐츠다. '대먹녀'는 키워드 검색 유입률이 높고 광고 요청도 많다.

양띵이 중요하게 본 두 번째 인기 요소는 홍보다. 방송이 더 많은 시청자에게 다가갈 수 있도록 길을 만들어줘야 한다는 것. 영상을 만들고 업로드하는 게 끝이 아니다. 그녀는 "포털 검색 결과에 잘 노출되도록 영상을 설정하거나 소셜네트워크서비스 등 다양한 매체를 이용해 방송 홍보에도 적극 나섰다"고 말했다.

그녀의 목표는 '즐기는 것'이다. "지금까지는 크리에이터로서 정상이 되기 위해 달려왔다면 이제는 크리에이터 자체를 하나의 직업으로 즐기고 싶다"고 말한다. 새로운 목표도 생겼다. '크리에이터 멘토'다. 최근에는 1인 창작자 전문교육 과정 프로그램 등에 강사로 나서고 있다. 그녀는 "크리에이터를 꿈꾸는 친구들에게 콘텐츠 기획과 채널 관리 방법 등을 전문적으로 알려줄 수 있는 멘토가 되고 싶다"며 "기회가 된다면 대학에서도 관련 전문지식을 습득하고 싶다"고 말했다.

악어

●"그럼 아래로 내려가 볼까. 좀비는 하나씩 처리하면서……. 뭔가 좀 수상한데."

1인 크리에이터 악어가 올린 동영상 '살인자를 찾아라-좀비 특집' 중 한 장면이다. 흥행 영화 「부산행」의 소재인 좀비 이야기를 게임에 접목했다. 본명이 진동민인 악어는 「마인크래프트」 게임에 이야기를 입혀 방송 영상을 만든다. 시기적절한 소재를 활용해 시청자들의 관심을 모으는 것이 특징이다.

2016 리우데자네이루 올림픽 기간 중에는 수영과 창던지기 경기를 소재로 게임 중계를 꾸몄다. 그는 게임 채널과 짧게 편집된 영상을 방송하는 하이라이트 채널, 일상 이야기, 쿡방 등을 선보이는 사생활

본명이 진동민인 악어는 「마인크래프트」 게임에 이야기를 입혀 방송 영상을 만든다. 시기적
절한 소재를 활용해 시청자들의 관심을 모으는 것이 특징이다.

채널 등 동영상 채널 3개를 운영 중이다.

악어는 "끊임없이 영상을 모니터링하며 어떻게 하면 시청자들이 좋
아할까를 연구한다"며 "잘못되거나 아쉬운 부분을 보완해가다 보니
점점 인기를 끌게 됐다"고 말했다. 방송 초반엔 주중에도 게임 생중계
를 내보냈지만 최근엔 주말에만 방송을 한다. 주중에는 콘텐츠 기획
과 제작에 매진한다. 악어는 "다채로운 콘텐츠로 시청자들에게 즐거
움을 주기 위해 기획과 제작 단계부터 공을 들이고 있다"고 말했다.

악어의 인기 콘텐츠는 '살인자를 찾아라' 시리즈. 잘 알려진 「마피
아 게임」을 응용해 이야기를 담은 게임 영상이다. 시리즈 마니아층이
생겨 주기적으로 방송하고 있다. '랜덤 무기 전쟁'도 히트했다. 게임에
서 편을 가르고 무기를 무작위로 뽑아 상대방과 싸운다는 간단한 규

악어는 "다채로운 콘텐츠로 시청자들에게 즐거움을 주기 위해 기획과 제작 단계부터 공을 들이고 있다"고 말했다.

칙을 쓴다. 악어는 "규칙이 간단하고 다양하게 이야기가 전개돼 질리지 않는 것이 장점"이라고 설명했다.

그는 가장 기억에 남는 콘텐츠로 「마크에이지」를 꼽았다. 「아크에이지」라는 온라인 게임이 출시됐을 때 영감을 받아 기획했다. 그는 "시청자들과 함께 성을 튼튼하게 만들어 전쟁을 하는 대규모 콘텐츠"라며 "시청자들이 참여해 만든 콘텐츠라서 가장 기억에 남는다"고 말했다. 이 방송은 생중계 당시 약 7만 명의 동시 접속자를 기록했다.

악어가 이 직업을 택한 이유는 무엇일까? 악어는 "게임이 정말 좋고 여러 사람들에게 웃음을 줄 수 있다는 점이 뿌듯해서 크리에이터로 활동하고 있다"고 말했다. 일이 쉽지만은 않다. 그는 "콘텐츠 제작과 방송을 위해 한 곳에 오래 앉아 있고 밤낮이 바뀐 생활을 계속하

다 보니 건강이 나빠졌다"고 말했다. 그는 "인터넷 방송은 대부분 매일 콘텐츠를 새로 업로드하지 않으면 인기가 감소하는 시스템"이라며 "꾸준히 콘텐츠를 만들다 보니 생활 패턴이 바뀌었고 친구들도 1년에 한두 번밖에 만나지 못하게 됐다"며 아쉬움을 털어놨다.

그는 매번 흥미로운 아이템을 찾으려고 애쓴다. 편의점에 가더라도 어떤 것을 일상이나 쿡방에 활용할 수 있는지 고민한다. 그는 "앞으로 더욱 새롭고 다양한 콘텐츠를 선보여 시청자들에게 큰 웃음을 주고 싶다"고 말했다.

김블루

● 트럭이 가파른 산정을 오른다. 길 양쪽에는 끝없는 낭떠러지가 있다. 트럭은 좁은 길 위에 있는 다른 차를 박아 벼랑 아래로 떨어뜨린다. 게임 크루들은 "아!" 괴성을 지르거나 깔깔 웃는다. 이번에는 트럭이 다른 차를 구하려다 절벽 아래로 추락하고 만다. 그러나 걱정할 필요는 없다. 곧 리셋돼 아무 일도 없었던 것처럼 트럭은 다시 달린다. 슈퍼카를 타고 롤러코스터 레일처럼 뻗은 길 위를 달리는 코스도 등장한다.

김블루는 게임 콘텐츠다. 핵심은 '재밌는 순간들' 시리즈다. 사람이나 동물 캐릭터들이 서로 싸우거나 죽이는 게임을 한다. 게임의 공간은 우리 주변에서 흔히 볼 수 있는 곳들이다. 지하철에서 달려오는

김블루는 게임 콘텐츠다. 핵심은 '재밌는 순간들' 시리즈다.

열차를 향해 상대 캐릭터를 밀쳐 죽인다. 편의점에 침입한 나쁜 손님들을 총을 쏴서 퇴치한다. 공장의 기계 속으로 밀어 넣어 제거하기도 한다.

각 상황에서 크루들은 자의적으로 멘트를 날린다. 그것이 맞건 틀리건 상관없다. 그저 크루들은 하고 싶은 말을 날리고 웃고 싶은 대로 웃는다. 현실에서 불가능한 폭력을 대리만족시키는 게 이 콘텐츠의 핵심이다. 캐릭터들은 무한 폭력을 자행한다. 그 자신도 폭력의 희생자가 된다. 그러나 곧 리셋으로 살아난다. 이 콘텐츠는 대단히 폭력적이다. 폭력은 게임의 본질이기도 하다.

그러나 폭력성이 처절하거나 잔인하게 묘사되지는 않는다. 피 칠갑은 찾아볼 수 없다. 오히려 가볍고 경쾌하다. 열차에 치여도 피 한 방울 나지 않고 죽었다가 다시 스크린으로 복귀한다. 장면 묘사는 상상

력의 한계를 뛰어넘는다. 편의점 안으로 탱크가 들어오고 바깥에는 헬리콥터가 대기하는 식이다. 그림은 정교하다. 캐릭터들과 편의점 풍경, 각종 자동차와 헬기 등은 사실적으로 묘사돼 있다.

2017년 현재 21세 청년인 김블루는 '재미'가 핵심이라고 강조한다. 해외 사례에서 벤치마킹한 영상을 자주 사용하면서 짜임새 있는 콘텐츠를 지속적으로 올린다. 그는 "평범한 실황 영상이 아니라 누가 봐도 재미있을 것 같은 영상을 기획한다"고 강조한다.

찬이

● '여학교에 남자가 나 혼자라면?!' '여자들만 사는 섬에 남자는 나 하나?!'

남자들이라면 금세 흥미를 느낄 만한 제목이다. 그만큼 조회 수도 많다. 전자는 조회 수 140만 건을 넘겼고 후자는 조회 수 86만 건을 넘겼다. '찬이'라는 이름으로 1인 동영상 채널을 운영 중인 크리에이터 김민찬은 「마인크래프트」 게임을 소재로 영상을 만든다.

최고 인기 영상은 일명 '망상 콘텐츠'. 현실에서는 일어나기 힘든 가상의 상황을 설정한 상황극이다. 투명인간이나 거인이 된 상황 혹은 수많은 여성 사이에 단 한 명의 남자가 남은 상황 등을 가정한다. 상상 속 상황이다 보니 이야깃거리는 무궁무진하다. "안녕, 내 이름은

'여자들만 사는 섬에 남자는 나 하나?' 상황극.

찬이"라는 말로 시작해 상황극 배경을 소개하고 캐릭터를 차근차근 쌓아가며 이야기를 풀어낸다.

야구장 데이트나 편의점 아르바이트 등 일상에서 쉽게 접할 수 있는 소재를 가지고 이야기를 풀기도 한다. 이세돌과 알파고의 바둑 대결 등 사회적 이슈가 되는 상황을 영상 소재로 쓸 때도 있다. 그는 "콘텐츠를 보는 시청자들이 영상에 얼마나 공감하고 재미있어 하는지를 우선순위로 두고 있다"고 말했다.

「마인크래프트」게임의 주요 수요층인 10대 초중반을 겨냥한 콘텐츠도 눈에 띈다. 김치를 편식하는 상황이나 방학숙제를 미루고 있다가 벼락치기를 하는 상황 등 어린 학생들이 쉽게 공감할 수 있는 내용을 소재로 썼다. 대부분 바람직한 생활 습관을 권장하는 내용이다. '커피를 많이 먹어서 불면증이 왔다?!'는 제목의 상황극에는 '어린이는

찬이가 수능 때 겪은 어이없는 상황.

커피 마시면 안 돼요!'를 부제로 달았다. 주요 시청 층을 고려한 그의 '센스'다.

김민찬은 어렸을 때부터 취미였던 게임 방송 시청을 직업으로 발전시켰다. 어느 날 크리에이터 일을 하고 있던 지인이 "시청자가 아닌 제작자가 돼보는 것이 어떤가?"라고 제안했다. 생소한 진로 선택을 두고 부모님은 처음에 걱정했지만, 이제는 콘텐츠에 대한 코멘트와 격려를 아끼지 않는 아군이 됐다.

그는 "우리나라에서 아직 게임에 대한 인식이 그렇게 좋지가 않아서 게임 방송 크리에이터라는 직업을 밝히면 좋지 않게 생각하는 사람들이 종종 있다"며 "찬이 채널의 콘텐츠를 보고 그런 편견을 조금이나마 바꿨으면 하는 바람"이라고 말했다.

크리에이터를 장래희망으로 꿈꾸는 청소년이 많아진 것이 좋은 자

찬이가 실수로 여자화장실에 들어간 상황.

극이 되고 있다. 김민찬은 "최근에 크리에이터를 꿈꾸는 학생들이 많
아졌다고 들었다. 그들에게 악영향을 끼치지 않고 더 재미있는 콘텐
츠를 보여주고 싶다"고 말했다.

운학

● "제가 메일로 보낸 '탈출 맵(게임 캐릭터가 장애물이나 미로 등을 빠져나가도록 짜놓은 게임 콘텐츠)'은 언제 영상으로 올라오나요?" "인내심을 갖고 기다려주세요. 메일을 보낸 분이 많아서……."

「마인크래프트」 게임을 주제로 '운학TV' 채널을 운영 중인 1인 크리에이터 운학의 영상에는 종종 이런 댓글이 보인다. 그의 채널에서 가장 인기 있는 콘텐츠는 시청자들이 직접 만든 「마인크래프트」 탈출 맵을 플레이하는 영상이다.

시청자가 장애물과 이야기 등을 직접 만들다 보니 상황극보다 시청자의 참여율과 몰입감이 높다. 가끔은 탈출 맵을 좀 더 재미있게 만드는 방법이나 게임 프로그램의 기능에 대해 의논하는 방송을 내보내기

그의 채널에서 가장 인기 있는 콘텐츠는 시청자들이 직접 만든 「마인크래프트」 탈출 맵을
플레이하는 영상이다.

도 한다.

탈출 맵을 보낸 시청자는 자신이 짠 콘텐츠를 다른 사람이 재미있
게 즐기는 모습을 보면서 성취감과 즐거움을 느낀다. 마니아들은 서
로 방송을 보며 각자의 탈출 맵에 대해 의견을 교환하기도 한다. 덕분
에 좀 더 많은 영상을 빨리 올려달라고 조르는 팬들이 많다.

운학은 친구의 소개로 「마인크래프트」를 알게 됐다. 그는 "어린 친
구들이 주로 즐기는 게임임에도 불구하고 상당히 어렵다"며 "어린 친
구들이 게임을 좀 더 재미있게 즐길 수 있도록 정보를 공유하자는 차
원에서 채널을 운영하게 됐다"고 설명했다.

그는 시청자의 눈높이에 맞는 콘텐츠를 제작하는 것이 중요하다고
강조한다. 방송에서 사용하는 어휘의 수준이나 콘텐츠 내용이 「마인

그는 앞으로도 10대를 위한 콘텐츠 생산에 집중할 계획이다. 재미있으면서도 긍정적인 에너지와 유익한 지식을 담아낼 수 있는 콘텐츠를 만들겠다는 각오다.

크래프트」게임을 즐기는 어린 친구들의 입맛에 맞아야 공감대를 이끌어낼 수 있다는 얘기다.

그는 눈높이를 맞춘 방송을 만드는 과정에서 평소와는 다른 말투나 어휘를 쓰기도 한다. "콘텐츠 속에서의 내 모습이 평소 모습과 많이 다르다 보니 주변 사람들이 신기해하고 재미있어 한다"고 말했다. 크리에이터라는 독특한 일을 한다는 것에 관심을 갖고 질문을 하는 경우도 많다고 한다.

1인 방송의 장점은 무엇일까? "재미있는 일이고 노력하는 만큼 성과나 피드백이 빠르게 나타나는 것"이라고 설명한다.

그는 앞으로도 10대를 위한 콘텐츠 생산에 집중할 계획이다. 운학은 "나와 주로 소통하는 10대 초중반 친구들은 여전히 '시청할 만한 콘텐츠가 부족하다'고 토로한다"며 "이들을 위한 여러 방면의 콘텐츠를 제작해 보고 싶다"고 말했다. 단순히 시간 보내기용 콘텐츠를 말하는 것이 아니다. 재미있으면서도 긍정적인 에너지와 유익한 지식을 담아낼 수 있는 콘텐츠를 만들겠다는 각오다.

빅민

● '해적왕이 되겠어!! 너! 내 동료가 돼라!'

1인 크리에이터 빅민의 게임 영상 제목은 어딘가 익숙한 데가 있다. 1997년 발간을 시작해 지금껏 연재 중인 유명 만화 『원피스』의 명대사를 패러디했다. 예능프로그램 '우리 결혼했어요'를 패러디한 '우리 아이가 결혼했어요' 연작도 꾸준히 업로드 중이다.

빅민 게임과 빅민TV 채널을 운영 중인 그는 일상이나 게임을 소재로 한 영상에 잘 알려진 콘텐츠를 살짝 가미해 재미와 대중성을 살렸다. 출연자가 다른 사람의 지시를 그대로 따라하는 '아바타' 소재를 가지고는 자신만의 '내 맘대로 빅바타'라는 콘텐츠를 만들어냈다.

빅민 게임은 「마인크래프트」 게임을 위주로 방송한다.

　자신만의 콘텐츠도 있다. 고양이 키우기나 독특한 제품 소개. 일상
속에서 나온 호기심을 해결하는 콘텐츠 등이다. 인공지능 프로그램과
끝말잇기 대결을 펼치거나 다리미로 계란 프라이를 만들기도 한다.
파티 후 난장판이 된 친구 집 안, 다이어트 도전에 실패하기 등을 소
개한다.

　빅민TV는 실사 촬영을 기반으로 한 리뷰, 실험, 코미디 콘텐츠를
다룬다. 빅민은 "꾸준한 업로드로 기본 팬층을 확보한 상태에서 양질
의 콘텐츠를 올리는 것이 중요하다"고 강조했다. 그가 생각하는 양질
의 콘텐츠는 세 가지다. 트렌드에 적합한 것, 편집 완성도가 높은 것,
재미를 주는 것 등이다.

　그가 두 번째로 연 채널인 빅민 게임은 「마인크래프트」 게임을 위
주로 방송한다. 늦게 열린 방송 채널이지만 구독자는 빅민TV보다 더

하트A 대신 다이아A가 뒤집혔다

빅민 마술쇼.

많다. 빅민은 "게임 채널의 경우엔 다양한 콘텐츠 포맷 중 유독 시청자의 호응이 좋은 콘텐츠에 집중했다"고 설명했다.

　빅민은 "원래는 영상계열 취업을 위한 포트폴리오 목적으로 1인 동영상 채널을 운영할 생각이었지만, 점차 1인 동영상의 장점과 비전에 매료돼 크리에이터 활동에 전념하게 됐다"고 말했다.

　그는 콘텐츠를 만들 때 진지하게 임하고 사소한 점이라도 완성도를 높이려 노력한다. 영상에 이웃 간 소음이 들어가지 않도록 신경 쓴다. 그는 "집에서 하는 일이다 보니 이웃 간의 소음에 주의해야 한다"며 "이사를 할 때마다 집 방음처리부터 신경 쓰고 있다"고 말했다.

　혼자서 영상 채널 두 개를 운영하며 매일 영상을 업로드하는 것도 녹록치 않은 일이다. 기획, 제작, 촬영, 출연, 편집을 모두 도맡고 있다. 그는 "매일 시간이 부족해 쉬는 날을 내기가 쉽지 않다"며 "그러다보니 친구들을 만날 시간도 없다"고 했다.

그는 "다른 일에 한눈팔지 않고 꾸준히 영상을 업로드하면서 시청자들과 소통해나가는 것이 가장 큰 목표"라며 "두 채널 모두 참신한 콘텐츠로 매일 업로드하며 키워나갈 것"이라고 밝혔다.

1인 미디어 시대의 글로벌 스타들

초판 1쇄 발행 2017년 2월 22일
초판 2쇄 발행 2017년 7월 3일

지은이 김천수 유재혁
펴낸이 안현주

경영총괄 장치혁 **편집** 송무호
디자인 표지 정태성 본문 장덕종
마케팅영업팀장 안현영

펴낸곳 클라우드나인   **출판등록** 2013년 12월 12일(제2013-101호)
주소 우) 03993 서울시 마포구 월드컵북로 4길 82(동교동) 신흥빌딩 6층
전화 02-332-8939   **팩스** 02-6008-8938
이메일 c9book@naver.com

값 15,000원
ISBN 979-11-86269-66-4 03320